彼のたった1人

最強に愛される
恋愛ワークブック

水紀 華

Love workbook

あさ出版

プロローグ

「どうしていつも片思いで終わってしまうの⁉」
「どうして私のことをわかってくれないの⁉」
「どうして最初は尽くしてくれたのに変わってしまったの⁉」

　この本を手にとったあなたは、「いつも恋愛が上手くいかない」「付き合い始めは優しいのに時間が経つと大切にされなくなる」「会えばケンカばかりしてしまう」など、恋愛に悩んでいるのではないでしょうか。

「幸せな恋愛がしたい！」
「彼にとってたった1人の大切な女性になりたい！」

　そんなふうに願っているあなたに伝えたいこと。それは、**恋愛の悩みの多くは、"男性心理"の特徴を知り、それを踏まえたうえで彼とコミュニケーションをとれば解決する**ということです。

　同じ人間であっても、男女では、あなたが想像している以上に考え方や感じ方、物事の捉え方が大きく違います。
　そのため、自分がされて嬉しいことが彼も同じように嬉しいとは限りませんし、なんなら自分がされて嬉しいことが彼にとっては嫌な場合だってあるのです。
　男女の違いが大きいからこそ、男性心理の特徴を知ることはとても大切です。
　実は私自身、昔はほぼ毎日のようにケンカをする、浮気をされるなど、

不安ばかりの恋愛をしてきました。

　数年前に大失恋を経験したのをきっかけに、「次は絶対に幸せな恋愛がしたい！」と決意。なぜ恋愛が上手くいかないのか、その原因を探るために、男性についてもっと知ろうと男性心理を学びました。

　その過程ではじめて、男女では大きな違いがあること、「男性と仲を深めていくには、男性心理の特徴を知ったうえでコミュニケーションをとる必要がある」ということに気づいたのです。

　私は早速スクールに通って、心理学を学び資格を取得したり、実生活で男女関係の観察をしたり、男性心理を研究していきました。

　このころ、今の彼に出会うのですが、最初はすごく大切にされているというような実感はありませんでした。

　しかし、男性心理を少しずつ理解しながら、彼とのコミュニケーションのとり方を変えていったところ、彼が大変身！

・連絡が12時間以上返ってこない
⇒すぐに返ってくるようになった

・ホワイトデーになにもしてくれない
⇒手料理でお返しをしてくれるようになった

・サプライズが苦手
⇒サプライズが好きな私のために、記念日に盛大なサプライズをしてくれるようになった

・電話が嫌いで、自分から電話をかけてくれることはほとんどなかった
⇒「話したい、声が聞きたい」と電話をかけてくれるようになった

・月１〜３回など、会う頻度が少なかった

⇒30分でも時間があれば夜中でも会いにきてくれるようになった

　……など、ここに書ききれないほどのたくさんの変化があり、「こんなに幸せでいいの!?（笑）」というぐらい幸せな恋愛ができるようになったのです。

　そしてなんと！　とんとん拍子で彼と結婚することができました♡

　夫となった彼は、周囲がおどろくほどいつも私のことを大切にしてくれて、今、私は毎日幸せで満たされた日々を送っています。

　私はこの経験から、恋愛に悩む多くの女性に幸せになってほしいと思い、男性心理を学べるオンライン講座を開設しました。

　すると、

「クールだった彼が、たった１日で愛情表現をたくさんしてくれるようになりました♡」

「２年間片思いしていた彼から告白されました♡」

「実践してから１カ月でプロポーズされちゃいました！」

　など、受講している女性たちから、続々と喜びの声が！

　そこで、恋愛に悩むより多くの女性たちにこの内容を届けたいと思い、１冊の本にまとめることにしました。

　この本の内容は、お付き合いしている彼はもちろん、片思いしている彼や職場の男性にも活用できます。

　実際、こんな声も届いています。

「コミュニケーションが上手くとれなくて悩んでいた男性上司ともよい関係を築けるようになりました。今では毎日が楽しく、仕事も恋愛も充

実しています」

　この本では、これまでオンライン講座でお伝えしてきたことをもとに、私だけでなく、恋愛に悩む多くの女性たちが結果を出した方法をご紹介します。

　chapter1では、**男性心理の特徴**をお話しします。まずは、男性と女性の違いを知ることが大切です。

　chapter2では、学んだ男性心理の知識を活かすために必要な、**愛されマインドを身につけるワーク**をご紹介します。いくら知識を身につけても、マインドが変わらなければ、思考も行動も変えることはできないからです。

　chapter3では、学んだ男性心理と身につけた愛されマインドをもとに、**幸せな恋愛をするためのワーク**をご紹介します。このワークをすることで、理想どおりの男性に出会えたり、お付き合いしている彼にとても大切にされるようになります。

　chapter4では、男性を6つのタイプに分けて分析する**彼タイプ診断**を、chapter5では、**彼をもっとよく知るためのワーク**をご紹介します。大好きな彼個人について知ることで、ピンポイントで彼に合ったコミュニケーションをとることができるようになります。

　男性心理の特徴を知ったうえで彼とコミュニケーションをとることができれば、おどろくほど溺愛される幸せな恋愛ができるようになりますよ♡

水紀 華

みなさんからの 幸せ報告 ♥

男性心理の特徴を知ったうえでコミュニケーションをとれるようになると、恋愛がおどろくほどスムーズに上手くいきます。みなさんから届いた喜びの声をご紹介しましょう。

Love

どう接したらよいかわからず、男性と話すのに臆病になっていました。そのせいで、今まで彼氏ができたことはありませんでした。

でも、男性心理を学んで、その知識を男性とのやりとりやデートに活かしたところ、人生はじめての彼氏ができました♡

（Sさん・24歳）

パートナーに対して自分なりに愛を表現してきたつもりだったけれど、男性心理を学び、それがちゃんと伝わっていなかったということがわかりました。

男性心理を踏まえて接するようになってからは、彼が私のために積極的に動いてくれるようになったり、家事を進んでやってくれるようになったり、デートに誘ってくれたりと、驚きの変化が！悲しい気持ちでいっぱいだった昔が嘘のように、今がとっても幸せです！

（Mさん・39歳）

Happy

男性心理を学んで男性とのコミュニケーションに活かしたことで、1年間も上手くいかなかった婚活がとんとん拍子で上手くいき、3カ月で婚約することができました！

恋愛に対して苦手意識があったのですが、ただ男性について知らなかっただけなんだということに気づきました。

今、こうして幸せな恋愛ができ、本当に嬉しいです！

（Mさん・24歳）

Happy

私は、恋愛が本当に苦手でした。社会人になっても彼氏ができず、そのことが日に日にプレッシャーに……。

しかし、これまで自分の思い込みでしていた行動をすべてやめて、男性心理の特徴を踏まえたうえでのコミュニケーションを心がけたところ、理想ピッタリの男性とお付き合いすることができました。

まさにシンデレラストーリー！

今は毎日幸せいっぱいの日々を過ごしています♡

（Mさん・26歳）

今の彼と付き合い始めたころは大切にされず、男性心理を学んでは実践を重ねる日々が続きました。

すると、だんだん私に対する対応が変わっていき、理想としていた"お互いを愛する恋愛"ができるように！　そしてなんと今年、愛する彼と入籍が決まりました♡

私が結婚まで辿り着けたのは、間違いなく男性心理を学んだおかげです。

今後も学ぶことをやめずに、愛あふれる家庭を築いていきたいと思います♪

（Mさん・25歳）

男性心理を知るメリット

♡ 彼との仲が深まる

♡ モテモテになる

♡ 彼の一番の理解者になれる

♡ 彼の態度が変わる

♡ 彼があなたに夢中になる

♡ 恋愛が怖くなくなる

♡ すれ違っていた原因がわかり、問題が解決する

♡ どんなふうに彼に接すればよいかがわかる

♡ 彼がどんどんカッコよくなる

chapter 1
男性心理の特徴を知る

chapter 2

愛されマインドを身につけるワーク

chapter 3
幸せな恋愛をするためのワーク

chapter 4

彼タイプ診断で彼のタイプを知ろう！

episode

chapter 5

彼をもっとよく知るためのワーク

本文イラスト／彩葉

本文デザイン／北路社　梅里珠美

chapter 1

男性心理の特徴を知る

Love workbook

"男性心理"は 女性と大きく違う

彼が風邪をひいたら、あなたはどんな言葉をかけますか？

「大丈夫？　心配だよ」
「無理しないでね」
「なにか買って持っていこうか？」

このような言葉をかけていませんか？
実はこれ、男性からすると嬉しくありません！
これらは、**女性が言われて嬉しい言葉**だからです。
女性は心配されることで愛を感じますが、男性は心配されると「俺って、こんなことで心配されるくらい、できない男なのかなぁ……」と自信がどんどんなくなってしまいます。
男性は心配されるよりも、**「あなたなら大丈夫」など自分のことを信じてくれる言葉**や、**「頑張っていたもんね」など自分のことを認めてくれていることがわかる言葉**を嬉しいと思います。
なので、彼が風邪をひいたときは、
「いつも仕事頑張っているもんね。頑張りすぎて疲れちゃったのかな。○○くんならきっと早くよくなるよ！　ゆっくり休んでね」
というような、**彼を認めて、信じてあげる言葉**をかけることで、あなたの彼を思う気持ちが、より彼に伝わります。

このように、女性が嬉しいことでも、男性にとってはむしろマイナスになることは多々あります。

例えば他にも、女性がなんでも共有したくて、つらいことや悲しいことがあったときにそのことを話したくなるのに対し、男性はいつでも女性に"カッコいい"と思われたいため、**つらいことや悲しいことを共有したりカッコ悪い姿や弱っている姿を見せることに抵抗があります。**

　男性が元気がないときや落ち込んでいるときに、女性が「どうしたの？」と聞いても反応が悪いのは、このためです。

　共有することが愛だと思っている女性は、共有してくれない彼に対して愛が足りないと不満に思い、場合によっては「なんで話してくれないの？」と詰め寄ってしまうこともあります。

　しかし、カッコ悪い姿を女性に見せたくない男性にとっては、話してほしいと言われることがとても苦痛です。

　女性が女性視点でどんなに彼を思いやろうとしても上手くいかないのです。

　男性と女性では、受け取り方や感じ方に大きな違いがあります。

　だからこそ、**男性心理を知ることは、男性との円滑なコミュニケーションにおいて、とても重要**です。

　コミュニケーションが円滑になれば、男性はあなたと過ごす時間を心地よいと感じるようになり、2人の関係は間違いなく、よりよいものへと変化していきます。

　chapter 1 ではまず、女性が知らない男性心理の特徴についてお話ししていきます。

check!

男女の違いはとても大きい
女性視点で男性を思いやっても的外れ
恋愛では、男性心理を理解することがとても大切

男性心理①

男性は「頼みごと」をされることが
モチベーションになる

子どものころ、女性はプリキュアやセーラームーンなどの "可愛い変身もの"、男性はウルトラマンや仮面ライダーなどの "ヒーローもの" が大好きだったという人は多いでしょう。

実は、これらは**"男女の潜在的欲求に沿ったアニメ"**なんです。

女性には潜在的に可愛いものや理想の自分になりたいという**"変身願望"**があります。そのため、シンデレラストーリーに興味を持ちやすく、自分を変身させてくれるメイクや美容、ファッションにハマりやすいです。

一方、男性には潜在的に**"ヒーロー願望"**があるので、自分をカッコよく見せてくれる車や学歴、社会的に認められるビジネスや「どれぐらい自分がモテるか」「どれぐらい人に求められるか」などに興味を持ちやすいです。

人は、潜在的欲求を満たしてくれる人やものに好意を抱きます。

そのため、女性はお姫様扱いをしてくれたり、理想の生活をさせてくれる王子様のような男性に憧れを抱きやすく、男性は一緒にいて自分がヒーローになれる女性に心地よさを感じます。

浮気に悩んでいる女性は、なんでも自分でやってしまったり、愚痴や文句が多かったりして、相手の男性がヒーロー願望を満たせない状況をつくっていることが少なくありません。

男性は潜在的欲求であるヒーロー願望が満たされないと、別のところで満たそうとします。

男性が仕事やゲームばかりして彼女を顧みないときは、これが原因です。

　バリキャリ女性が婚活で上手くいかない、恋愛でこじらせがちなのも、自立していて１人でなんでもできてしまい（また、しようとするため）、男性のヒーロー願望を満たせていない場合が多いからです。

　男性のヒーロー願望を満たすには、**"頼みごと"**が効果的です。

「迷惑じゃないかな？」という心配を手放して、男性にいろいろなことを頼みましょう。

　頼みごとをするということは、**彼が活躍できる場をプレゼント**することになります。

女性が頼みごとをすると、

⇒潜在的欲求（ヒーロー願望）が満たされる

⇒頼ってくれて嬉しいと感じる

⇒「もっと頑張りたい」「女性のために行動したい」と思う

⇒女性はそんな男性の姿に嬉しくなる

⇒２人の仲が深まっていく

　頼みごとをされると男性は、「自分の居場所はここ（あなたがいる場所）である」「自分がいなくてはいけない」「（あなたを）守ってあげなくては」と思い、あなたを大切にし、それによって、２人の仲が深まっていきます。

　頼みごとにはそんなパワーがあるのです。

　ただ、頼むときには注意が必要で、してはいけないことが２つあります。

　１つは、**「してもらったことに対して文句を言う」**ことです。

例えば、彼に食器洗いを頼みました。少し汚れが残っていたのを発見して「もう、ちゃんとやってよ！」とイライラしながら文句を言う……。

これでは男性が「もうやりたくない」と思うのは当然ですよね。

特に男性は、**"勝負意識"が強く、負けるのが嫌い**なため、文句を言われると、自分にはできなかったという思いから、「負けた」と感じてしまいます。

これでは、ヒーロー願望は満たされません。

さらには、「（負ける気持ちを味わうなら）もう彼女のためになにもしない」という気持ちをも彼の心に芽生えさせてしまいます。

結果はどうであれ、**男性が頼みごとをしてくれたときは、「ありがとう！ とても助かったよ！」**と、やってもらったことに対して感謝しましょう。

これを続けると、そのうち彼が自ら「どうやったらもっときれいに洗えるかな？」と気をつけてくれるようになります。

どんなに関係が深くなっても、**「やってもらって当たり前のことはない」**ということを忘れないようにしましょう。

頼むときにしてはいけないことの2つ目は、**「プライドを傷つける頼み方をする」**ことです。

仕事ばかりしている彼にデートの時間をつくってほしいとき、こんな言い方をしていませんか？

「ねぇ、なんでそんなに仕事ばかりしているの？ たまにはデートしようよ！」

直接的な否定はしていないものの、"現状の彼"を否定するような言葉を使って頼みごとをするのはNGです。彼のプライドを傷つけること

になります。

　例えば、休日に寝てばかりいる彼に出かけたいと言うとします。

「寝てばっかりいないで、どっか行こうよ！」

　これも"現状の彼"を否定する言い方です。

　文句まじりの頼みごとなんて、誰でも素直に聞きたくありません。

　特に男性は、自分を否定されることを極端に嫌います。

「最近会えなくて寂しいから落ち着いたらデートしたいな。頑張っている姿勢、ほんと尊敬してるよ。応援してるからね！」

「いつもお仕事お疲れさま！　疲れているところ悪いんだけど、ランチは外に食べに行かない？」

　などのように、頼みごとをするときは、**相手のことを「認める＋褒める」**ことが大切です。

「してもらったことに対して文句を言う」

「プライドを傷つける頼み方をする」

　この２つさえ気をつければ、頼みごとをされた男性は、あなたといるときは自分がヒーローになれるので、潜在的欲求が満たされ、あなたのことを大切にするようになります。

　ぜひ、頼みごとは積極的に行ってくださいね。

check!

男性には「ヒーロー」になりたいという潜在的欲求がある
遠慮するより上手に頼ることで、彼との関係が深まる

男性心理②

男性は"獲得欲"が強い

「付き合う前はこまめに連絡してくれたのに、付き合ってから彼から連絡がこなくなった……」という経験はありませんか?

　実はこれ、男性の**"獲得欲"**が関係しています。

　獲得欲とは、**「なにかを自分の力で獲得したい」**という欲のことを言います。

　男性は、"獲得欲"が女性よりもとても強いです。

　そのため、勝利などなにかを得られるゲームにハマりやすい傾向があります。パチンコの利用者が、女性より男性のほうが約4倍多いのも、"獲得欲"が刺激されるからだと言われています。

　また、失業してギャンブルや風俗、キャバクラなどにハマってしまう男性がいるのも、仕事で自分が得たいものを得ることができなくなった不足感(物足りなさ)から、お金を出せば手に入るものに依存してしまうから。それくらい、男性はなにかを自分の力で獲得したいという欲が強いのです。

　付き合ったあとに彼からの連絡が減るのも、「付き合う＝手に入った」ことで、彼の"獲得欲"が満たされてしまうからです。

　この状態は、彼の**"獲得欲"を刺激し続ける**ことで改善できます。

"獲得欲"を刺激し続けるには、

・**彼以外の他のものに目を向ける余裕を持つ**

・**「他の男にとられそう」「頑張らないと彼女を独り占めできない」と彼が思える魅力を身につける**

ことが大切です。

　彼にとっては、他の男性・自分（彼）以外にあなたが夢中になるものすべてがライバルです。

　「自分の時間を楽しむようになったら、彼から連絡がくるようになった」という話を聞いたことがありませんか？

　これは、彼女が自分以外のものに夢中になったことで、彼の"獲得欲"が刺激され、「彼女を自分に振り向かせたい！」という意識が芽生えたためです。

　また、「他の男にとられそう」と思える魅力を持つ女性は、毎日彼の"獲得欲"を刺激することになります。

「他の男にとられそう」と思える魅力とは、特に、外見の美しさです。

　外見を磨くと自分に自信が持てるだけでなく、余裕も生まれますし、彼の"獲得欲"も刺激でき、いいこと尽くめです。

　ちなみに、女性が男性に尽くしすぎると、男性の心が離れていくのも、男性の"獲得欲"が関係しています。

　自己犠牲を払ってまで彼に尽くしていないか振り返ってみましょう。

　趣味を楽しんだり、エステに行ったり、なにか新しいことを学び始めたり……。

　自分自身に尽くし始めると、彼はあなたに目を向けるようになります。

　彼の"獲得欲"を刺激し続けることで、彼はずっとあなたを大切にするようになりますよ。

check!

男性は"獲得欲"が強い
"獲得欲"を刺激し続けられる女性がいつまでも愛される

男性心理③

男性は自分の力で
達成したい

　あなたは、彼がすることについ口出しをしていませんか？

　女性は手を差し伸べられることを嬉しく感じますが、**男性は「あなたなら大丈夫」と信頼され、見守られることに喜びを感じます。**

　そのため、彼が悩んでいたり困っていたりしても、「恋人でも夫婦でも私は私、彼は彼」という意識を持って、あまり干渉しすぎないことが大切です。

　男性には、**"自分の力で達成したい"**という潜在的欲求が強くあります。「彼が自分でなにもしてくれなくなった」という悩みをよく聞きますが、話を聞いてみると、女性がなんでも口出しをして彼を子ども扱いしている場合が多くあります。

　男性の"自分の力で達成したい"機会を奪っているのです。

　彼がすることに口出しをすると、彼にとってあなたは"自分の力で達成したい"という欲を満たすチャンスを邪魔する存在になってしまいます。

　ここで言う"口出し"とは、**「自分の思いどおりに動いてほしい」という支配欲からの口出し**のことです。

　「私がこうしてほしい」「私は、彼はこうしたほうがいいと思う」など、自分のための意見は彼にとって、"口出し"となります。

　例えば、彼が「転職しようと思っている」と相談してきたとします。

　このとき、

「転職する前に今の職場でもっと頑張ったほうがいいよ！　今の会社、大手でお給料もいいし、今から新しい環境に行くのは大変じゃない？

転職しないほうが私はいいと思うな」

　などのように答えることがあるかもしれません。一見、思いやりのある言葉のように見えますが、この言葉の裏には、

（転職して忙しくなったら、あまり会えないかもしれない）

（将来、結婚するときに今の職業のままのほうが体裁がいい）

（転職して給料が下がったら嫌だ）

　など、私が転職してほしくないから転職しないように誘導しようという支配欲があります。

　支配欲は、無意識のうちに抱いてしまうことがあるので注意が必要です。

　支配欲からの口出しは、自分の理想や欲求・満たされない気持ちからの"押しつけ"であり、思いやりではありません。

　この欲が強くなると、彼の行動を見守り応援することができません。自分の思いどおりの行動をしてほしいからです。

　純粋な気持ちからではない、思いやりのない口出しは、彼が鬱陶しく感じるだけでなく、"自分の力で達成したい"という潜在的欲求を邪魔することになります。

　すると彼は、あなたといるときに欲が満たされないので、他に満たしてくれるもの（仕事、趣味、他の女性）に熱中し始めて、すれ違いが生まれるようになります。

　そうならないためにも、"自分の力で達成したい"機会を彼から奪う口出しではなく、**彼のことを思った純粋な気持ちでアドバイスをしましょう。**

　先ほどの例の場合、

「あなたが決めたことなら応援するよ。ただ、転職理由によっては、今

すぐ決断しなくてもいいんじゃないかな？　悩んだり困ったりしたことがあったら言ってね」

など、「**彼が決めた選択を応援するような言葉＋必要だったら彼がよりよい方向に進むためのアドバイス**」を言うようにしましょう。

"自分の力で達成したい"という彼の欲を大切にして、口出ししないようにすると、彼が自分の力で達成する機会が増えます。

達成する機会が増えることで、どんどん頼もしい男性になっていくだけでなく、欲が満たされるので彼があなたのそばにいることを心地よいと感じるようになります。

すると、彼はあなたと一緒にいるために、また、あなたのためにどんどん行動してくれるようになりますし、2人の信頼関係も強くなります。

ただ、口出ししたくなくても、一緒にいる期間が長くなれば、細かな彼の嫌なところ——整理整頓ができなかったり、時間にルーズだったりなど、彼に対して「嫌だなぁ」と思う点が目につき、それを彼に伝えたくなるときがあるかもしれません。

そんなときオススメなのが、"**あぁ、これは文化の違いだ**"と思うことです。

あなたは、海外と日本の文化の違いに驚いたことはありませんか？嫌だなと思うところがあっても、文化の違いなら、それを受け入れるはずです。

同じ日本に生まれ育っても、価値観や考え方は1人ひとり違うため、理解しがたいことはあって当然です。

整理整頓ができない彼は、部屋をきれいに保つという概念がない"文化"なのかもしれません。

時間にルーズな彼は、時間をきっちり守るという感覚がない"文化"なのかもしれません。

文化の違いを認め尊重し、2人の関係がよりよいものへと変わってい
くような工夫をすることが大切です。

　例えば、

・ 彼が整理整頓が苦手なら得意な私がやる
・ お互いに苦手な料理は無理に頑張らない。外食やお惣菜を上手に活用
　する
・ 彼にLINEでコミュニケーションをとる概念がないなら、それを受け入
　れ、返信を強要しない。彼が電話のほうがしやすいなら、代わりに、
　電話の回数を増やしてもらう

などのように工夫をしましょう。

　彼とあなたは別々の人間で、今は一緒にいるけれど、これまでは違う
人生を歩んできたのだから、違って当たり前です。
　自分以外の誰かを変えることはできないため、いい意味であきらめま
しょう。
　彼に「自分の思いどおりに動いてほしい」という支配欲からの口出し
はせず、嫌な点も文化の違いだと受け入れ、工夫することを心がければ、
2人の間に「我慢」がなくなり、思いやりのある心地よい関係を築ける
ようになりますよ。

check!

**彼に対する支配欲を手放し、
応援する言葉をかけて見守ることで、
どんどん頼もしい彼になる**

男性心理④

男性は常に自由に
自分で選択したい

「彼女にどんなことをされると嫌？」と質問すると、多くの男性が、「束縛されること」と答えます。

男性は"常に自由に自分で選択したい"という欲求が強いからです。

こんな話があります。

多くの男性は、「水族館はいいけれど、動物園が苦手」だそうです。

檻の中に入っている動物を見ると"束縛されるのは嫌だ"という潜在的な意識が刺激され窮屈に感じ、一方、自由に泳いでいる魚を見ると"自由だ"と感じるからだとか。

この話からも、男性は潜在的に束縛が嫌で、"常に自由に自分で選択したい"という欲求が強いことがわかります。

男性は、束縛されることに敏感なため、女性からの束縛を少しでも感じてしまうと、距離を置こうとします。

彼から「LINEの返事がなかなかこない」「いきなり連絡がとれなくなった」「最近会ってくれない」ときは、束縛が原因となっていることが少なくありません。

束縛は、恋愛依存に陥ると強まる傾向があります。

恋愛に依存していると、「私を幸せにしてほしい！」と、自分の幸せを恋愛や彼に求めるようになるので、「私が幸せになるように行動してほしい！」と思い、彼を束縛してしまうのです。

服を買いに行ったときに店員さんからの「商品を売りたい！」という圧が嫌でお店から出た経験はありませんか？

嫌な感じがする理由は、"束縛"を感じるからです。自分で買うか買

わないかを決めたいし、自由に他の商品も見たいのに、店員の「買って！」という強い意識を感じて苦しくなり、逃げたくなるのです。

また、恋愛に依存していると、「私を幸せにしてほしい！」という思いの強さから、彼のことを無条件に愛することもできなくなります。

ある結婚願望が強い女性が、転職するまで結婚は待ってほしいと言う彼に、「頑張ってね！　応援しているよ」と言いました。

ここまではよかったのですが、残念ながら彼はなかなか転職できないまま。“このまま結婚できないかもしれない”という焦りから、彼女は「まだ転職できないの？　ずっと待っているのに」と彼を責めてしまいました。

彼女の言葉に、彼は「心から応援してくれていると思っていたのに！俺を好きというよりもただ結婚したいだけなんだな」と感じ、ケンカになったそうです。

幸せを彼に求めている限り、いずれ不安や焦りを感じるようになってしまいます。そして、彼に執着して依存するようになります。

執着を手放すには、自分の人生そのものを充実させていきましょう（「依存を克服するワーク」については、88ページでお話しします）。

依存を卒業できれば、自然と束縛しなくなり、彼に「もっと一緒にいたい」と思ってもらえたり、すんなり結婚まで進んだりと、目に見えて現実が変化していきますよ。

check!

男性は自由でいたい
彼を束縛せずに自由を与えることで愛が深まる

男性心理⑤

男性は疑われると自信をなくし、
信頼されると期待に応えてくれる

「連絡が1日経っても返ってこない……。もしかして浮気……!?」

そう疑ってしまうことはありませんか?

疑うだけでなく、「なにしてたの?　浮気してたんじゃない?」と、彼に詰め寄ってしまった経験がある方もいるのではないでしょうか。

昔の私もそうでした。でも、彼を一度疑い出すとキリがなく、どんどん気持ちもナイーブになり、目の前のことにも集中できなくなって苦しいですよね。

男性は疑われると、「俺は彼女を疑わせてしまうような男なのか……」「俺ってそんなダメな男なのかな……」と、自信をなくしてしまいます。

一緒にいて自信が持てない女性とは一緒にいたくないと思うようになりますし、そうなるといずれ離れていってしまいます。

また、人は"言われたとおりの行動をしてしまう"という性質があるため、浮気を疑われると、「どうせ疑われているし」という気持ちから本当に浮気をしてしまいます。

"彼を疑うことは百害あって一利なし"と覚えておきましょう。

しかし、本能的に、女性は疑ってしまう生き物です。

彼から連絡がこないと、つい「浮気をしているかも……」と考えてしまいますが、この場合、事実は「彼から連絡がこない」という点だけです。それ以上でもそれ以下でもありません。

「浮気をしているかも……」と思うのは、勝手につくったネガティブな妄想です。妄想で彼を責めても、なんの意味もありません。

「事実は事実として受け入れて、ネガティブな妄想をしない」ことを意

識することが大切です（「事実をそのまま捉えるワーク」については、54ページでお話しします）。

　また、男性は**"期待に応えたい"**という意識を女性よりも持っているため、「あなたのことをとても信頼しているわ」ということを伝え続けることで、彼はその期待に応えようと頑張るようになります。
　女性から信頼されていることを感じると、**"俺のことを信じてくれている人を裏切りたくない"**という心理が働くのです。

あなたが信じると、
⇒彼は信じてくれているあなたの期待に応えようと誠実に生きる
⇒あなたがますます信頼する
⇒信頼されることで、彼は信頼される男であることに自信を持てる

　このように、**"信頼すること"で愛はどんどん深まります。**
　いきなり疑うことをやめるのがむずかしい場合は、最初のうちは無理に疑うことをやめようとするのではなく、事実ではないネガティブな妄想で彼に詰め寄ることだけでもやめましょう。
　chapter2でご紹介する「事実をそのまま捉えるワーク」を行えば、少しずつネガティブな妄想をしないようになっていくので、ぜひ取り組んでみてくださいね。ネガティブな妄想をしなくなると、彼との信頼関係が強くなっていきますよ。

check!

事実を事実として受け止め、
彼を疑うことをやめると
どんどん信頼関係が強くなっていく

男性心理⑥

男性は役割分担の
意識が強い

　男性は、女性よりも**"役割分担"の意識が強く**、自分の役割だけに責任や興味を持つ傾向があります。

　そのため「彼は下手だから」などという理由で、2人のことを女性がすべてやってしまうと、「自分の役割ではないんだな」と男性は認識し、全く自分から進んでやらなくなっていきます。

　　女性「どうしてなにもしてくれないの!?　私だって大変なのに……」
　　男性「俺は○○をしたじゃないか」
　　女性「ほかにもしてほしいことがたくさんあるの、わからない?」

　このようなケンカは、**「言われたことはやっているから、それでいいだろう」と考える男性と、「私の気持ちをわかって、相手にも動いてほしい」と思う女性のすれ違い**から生まれます。

　"役割分担"の意識が強い男性は、2人のことであっても「自分は自分」と考えてしまうところがあります。

　2人のことを、自分(彼)にも関係があることだと認識させるためには、**男性に「役割」を与えることが大切**です。役割を与えることで、自ら動いてくれるようになります。

　役割を与える方法の1つが、**答えが決まっていても、自分でできることでも、悩んでいなくても、"ホウレンソウ"**(報告・連絡・相談)することです。

　例えば、

（答えは決まっていても）「転職しようと思っているんだけどどう思う？」

（自分でできても）「私はお風呂掃除をするから、お皿洗い、お願いしてもいい？」

　と、報告・連絡・相談をすることで、彼は「転職について相談されたぞ。彼女のためにどうしたらいいか考えなきゃいけない」「お皿洗いは、自分の役割だ」と思い、自分ごととして捉え、取り組み始めます。

　このように、なんでも報告・連絡・相談をして、男性に"役割"を与えることが大切です。

　男性は与えられた役割はきっちりやるので、2人のことを自分ごとにさせるためにも、**"なんでも巻き込む"**という気持ちでコミュニケーションをたくさんとるといいですよ。

　コミュニケーションをとる時間が増えると、様々なことを彼と共有することができ、自然と彼に"役割"を与えるきっかけも増えていきます。

　報告・連絡・相談を増やし、なんでも1人で頑張ったり決めたりする癖をなくして、彼にパートナーとしての役割、家族としての役割などを意識してもらうようにしましょう。

　そうすれば、2人の絆が強くなり、お互いが唯一無二の存在になっていきます。

check!

男性は役割分担の意識が強い
コミュニケーションの時間を増やし、"ホウレンソウ"をすれば
2人のことを自分ごととして捉えてくれる

男性は "解決したい" 脳を持っている

「昨日、美味しいフランス料理のお店、見つけたの！」

「えーそうなんだ！　今度私も行ってみたい！　そういえば、最近お肌つるつるになるスキンケア用品、見つけたんだ！」

「だから今日は肌ツヤいいんだね〜！　私は最近、ダイエット頑張っているんだよね♪」

　というような、感覚やそのときの感情で話す女性同士の会話は、男性から見ると、全く理解ができないそうです。

　"解決したい" 脳を持つ男性は、オチがない会話が苦手なのです。

　そのため、男女の会話では、次のようなズレが生まれます。

　女性「寒いね〜」（ただ言っただけ。なにも求めていない）

　男性（これはお店に入りたいってことかな？）「カフェでも行く？」

　女性「ううん、大丈夫」

　男性「そっか……」（なんだよ、俺はどうすればいいんだよ）

　ヒーロー願望が強い男性は、「役に立ちたい」という気持ちがあるため、女性のちょっとした一言から、あれこれ想像を膨らませます。

　せっかく相手を思ってカフェに行くことを提案したのに断られてしまっては、いい気分はしません。

　男性と会話をするときは、**結論から話すようにしましょう**。

　先ほどの会話の場合、女性からすると少し違和感があるかもしれませんが、「ただ思っただけなんだけど、寒いね〜」と結論から伝えると、男性にはわかりやすく、ズレが生まれることもありません。

結論から話すことは、理論的に話すことにもつながります。

「ただ話を聞いてほしいだけなんだけど」
「今日はアドバイスが欲しいんだけど」
「ただ共感してほしいだけなんだけど」
「これは報告です！」

　結論から話すと、男性は自分がなにをすべきかがわかるので、ストレスを感じることなく、心地よく会話ができます。
　あなたとの会話に心地よさを感じると、男性は癒しを感じ、疲れていても彼はあなたに会いたくなります。

「付き合っても長続きしない……」
「めんどくさがられる……」
「話を聞いてくれない……」
　というような悩みがあるときは、男性が"解決したい"脳を持っていることを思い出し、「結論から話す」ことを意識してみるといいですよ。
　"わかるはず""わかってくれるはず"は、男女では成り立ちません。
　男性にはシンプルに、ストレートに伝えましょう。

check!

男性と会話をするときは
結論から話すようにすると
ストレスを与えず心地よさを感じてもらえる

男性心理⑧

男性は
メリット⇔デメリットで考える

「付き合い始めたときはあんなに私のことを大切にしてくれたのに、だんだん扱いが雑になってきたなぁ……」

と思ったことはありませんか？

「一緒にいる時間が長くなるにつれて慣れが出てくるのは仕方がない」

と思うかもしれませんが、そんなことはありません。

時間を重ねていくごとに愛が深まり、いつまでも愛され、大切にされている女性はいます。

愛される女性たちがしていること、それは、**彼にメリットを与えること**です。

メリットと言うと、響きがあまりよくないかもしれませんが、**男性はメリット⇔デメリットで物事を考えます。**

それは恋愛に対しても同じで、例えば、彼女になれずに身体だけの関係で終わるのは、彼がその女性に対して身体にしかメリットを感じていないからです。彼女になるには、他のメリットを彼に与えればよいのです。

男性は、メリットがあると、そのメリットを得るために行動しますし、頑張ろうとします。

癒しを与えられる会話ができれば、「あなたと話したい」と思ってもらえますし、元気を与えられる存在になれば、「疲れたな〜。あー、彼女に会いたいなぁ」と思ってもらえます。

いつまでも愛される女性が男性に与えている**"最強のメリット"**。

それは、「笑顔」と「喜ぶ姿」です。

　男性は、女性の"笑顔"や"喜ぶ姿"が、なによりも嬉しく、それを見るために一緒にいたい、それを見るために行動したいと思います。

　この２つの"最強のメリット"を彼に与える方法は簡単です。それは、喜び上手になることです。

　小さなことにも感謝し、嬉しい気持ちを素直に伝えるようにしましょう。

「わ～♡嬉しい！！」

「すごーい！」

「最高♡」

「こんなのはじめて！！」

　無邪気な子どものように素直に感情を表現しましょう。

　ふだんあまり感情を表現しない人は、自分では「大げさすぎるかな？」と思うぐらいの、オーバーリアクションが丁度よいです。

　リアクションを大きくするだけで、男性は「また彼女の喜ぶ顔が見たいから頑張ろう！」という気持ちを抱きます。

　こんな簡単に彼が大切にしてくれる方法はないと思いませんか♡？

　笑顔と喜ぶ姿。この２つを男性に与えられるよう、常に意識してみてくださいね。

check!

**男性にメリットを与えられると愛され続ける
最強のメリットは、「笑顔」と「喜ぶ姿」**

男性心理⑨

男性は女性が思う以上に
身体のつながりを大切にしている

　女性は心のつながりを大切にするため、彼に愛のこもった言葉や気遣いなどを求めます。

　一方、男性は身体のつながりを大切にするため、女性ほど心のつながりは求めません（完全に求めないわけではありません）。

　女性よりも男性のほうが、連絡がマメでないのは、このような違いがあるからです。

　そのため、身体のつながり＝セックスに関して「気持ち悪い」など嫌悪感を持つことは、彼の自尊心を傷つけるだけでなく、存在を否定されているような感覚を彼に与えてしまいます。

　身体のつながりを大切にしている男性は、「ごめん、疲れているんだよね」と、女性が悪気なくセックスを断るだけでも敏感に傷つきます。

　セックスの断り＝「俺自身の存在を受け入れてもらえなかった」というふうに受け止めるのです。

　女性も、「心のつながりを求めるなんて気持ち悪い」、そう思われたら傷つきますよね。それと同じです。

　基本的に、男性からのセックスの誘いは断らずに受け入れたほうが、ずっと円満で過ごしやすいです。

　女性にしてみれば「誘いを断っただけで……」と思うかもしれませんが、男性にとってセックスは大切なのです。

　断るときは、細心の注意が必要です。

　疲れていたり体調が悪かったりして断るときは、「いや、体調悪いのわかるでしょ」というように "察してちゃん" にならず、相手に伝わる

ように言葉できちんと話しましょう。

　不機嫌な態度で示したりすることは、セックスレスの原因にもなってしまいます。

　どうしても断らなくてはいけないときは、男性が傷つかない言い方をを心がけましょう。

　例えば、
「あなたとしたいのは山々なんだけど、体調が優れなくて……。元気になったらしよ♡」
「あ〜残念……。私もしたいんだけど、明日早起きしないといけなくて（泣）。明日はゆっくり時間をとれるからどうかな？♡」
　などのように伝えるといいでしょう。

　ポイントは、次の３つです。

① 「私もあなたとしたい」という気持ちを言葉にする
②心から残念そうに話す
③フォローの言葉を入れる

　男性が身体のつながりを大切にしているということはとても大事なことなので、忘れないようにしましょう。

check!

男性は身体のつながりを大切にする
"セックス"に対してとても敏感

泣いてばかりの恋愛を卒業し、
今は幸せすぎる毎日を過ごしています！

Hさん（20代・保育士）

　私はこれまで、浮気されたり、遊ばれたりと、泣いてばかりの恋愛をしてきました。

　まわりの友達にも、「本当に男運がない」と言われるほど。自分でも、なんで相手は違うのに、同じことを何度も繰り返すのだろうと思っていました。

　自分の悪いところを探そうとはせず、相手を責め、自分を責め、毎日ただ泣いてばかりいました。

　そんなときに華さんのオンライン講座を知りました。

　男性心理を学べば学ぶほど、私が今まで男性にしてきた行動は、男性に大切にされない行動ばかりだったことがわかってびっくり！

　すぐに、男性とのコミュニケーション方法を少しずつ変えていきました。

　半年ほど経ったころに、今までの男性とは正反対のタイプの素敵な男性と出会い、お付き合いすることができました！

　その後も、付き合えたことに満足するのではなく、彼の大本命になれるように、さらに男性心理を学び、彼とのコミュニケーションに活かしています。日に日に彼が変わっていくのがわかり、おどろきです。

　今、彼は出会ったとき以上に優しく、私のことを大切にしてくれています♡

chapter 2

愛されマインドを
身につけるワーク

愛されマインドを身につけると
恋愛が上手くいく

　chapter 1 では、男性心理についてお話ししました。

　しかし、男性心理を学んだだけでは、大きく変わることはむずかしいでしょう。

　いくら知識をインプットしても、マインドが変わらないと、思考や行動パターンを変えることはできないからです。

　人は、マインドが変わらないと思考が変わりません。

　例えば、男性心理で外見が重要だと知識を得ても、「恋愛で外見は重要なんだ！　じゃあ、外見さえ磨けば愛されるよね！」などのように極端に考えてしまうなど、せっかく得た知識を上手く活用できなかったり、男性を疑うのはよくないということを学んでも、「また彼のこと疑っちゃった……。私ってやっぱりダメだ………」と自己否定に走ったり、「彼には男性心理は通用しない！　やめたやめた」と自分を正当化できる言い訳を探し始めたりしてしまいます。

　どんなに男性心理の知識を身につけても、マインドが変わらないと、知識はあるのに、それを踏まえたうえでの行動ができないという、残念な結果になってしまうのです。

　男性心理を男性とのコミュニケーションに活用するうえで必要となるのが、**"愛されマインド"**です。

　ここで言う愛されマインドとは、**人として愛される心**のあり方のこと。

　このマインドを身につけると、得た知識をアウトプットするうえで邪魔になる極端な思考や、すべてを善と悪に分けて考える善悪思考、完璧

主義や浮気を疑うなどといったマイナスな思考や行動パターンが自然と変わっていきます。

　愛されマインドを身につけると、

・インプットした知識を的確に活用できる
・努力が実りやすい
・楽しく取り組める
・現実が変わりやすくなる

　など、いい変化がたくさんあります。

　chapter 2 では、愛されマインドを身につけるためのワークをご紹介します。
　ワークは、全部で7つあります。
　各ワークの最後にワークシートを準備しているので、ワークの内容に沿って書き込んでみてくださいね。
　これらのワークをすることで、愛されマインドが身につき、思考が変わり、chapter 1 でインプットした知識をフル活用することができるようになります。
　彼に心から大切にされる幸せな恋愛を手に入れるためにも、ぜひワークに積極的に取り組んでみてくださいね。

“大人”になるワーク

恋愛に振り回されない
自分になる

お店でまわりの人のことを考えずにスタッフに怒鳴ったり、気に入らない人に対して冷たくしたり、自分のやるべきことを他の人に押しつけたり、人からしてもらったことに文句を言ったり……。

そんな子どもっぽい人っていますよね。

人は、年を重ねれば自然と大人になる（＝精神的に成熟する）わけではありません。

大人でも、精神は子どものままという人は、実は少なくありません。

恋愛で上手くいかないのは、精神が「子ども×子ども」or「子ども×大人」の組み合わせです。

「大人×大人」のカップルは、話し合いができるので傷つけ合うケンカをしませんし、お互いに自制できるので、そもそもパートナーが不安になることや悲しむことをしません。

精神的に成熟することは、幸せな恋愛や結婚においては必要不可欠です。

また、“大人”になると、彼がいつまでも成長しない子どもの場合、冷静に別れを考えることもできます。

自分が“子ども”でいる限り、幸せな恋愛をすることはむずかしいでしょう。

“大人”になる最も効果的な方法は、**たくさんの“経験”**をすることです。

人は、様々なことを経験するたびに、視野が広くなり、いろいろなことを乗り越える力がつき、精神的に成長していきます。

子どものころは乗り越えられなかったことも、成長して大人になると簡単に乗り越えられたという経験がある人は多いのではないでしょうか。

　経験を積み重ねるほど、精神的に成長して、どんな困難も乗り越えられるようになります。

　例えば、コミュニケーションについて学んだことがあれば、彼とケンカしたとき、スムーズに仲直りすることができます。

　自分に似合うメイクやファッションを学んだ経験があれば、婚活パーティーや出会いの場で有利になりますし、デートの日も自信を持って彼に会えます。

　お金の管理ができれば、結婚までの資金づくりができて、彼と結婚が決まったときにすんなり物事が進みやすくなります。

　日ごろから料理をしていれば、彼の胃袋をつかみやすくなります。

　質のよいサービスを受けた経験があれば、そこから気遣いなどを学び彼との関係に活かすことができます。

　このように、直接恋愛とは関係がないように見える経験が、実は幸せな恋愛や結婚に深く関係してくるのです。

　だからこそ、なんでも勉強だと思って様々なことを経験することが、とても大切です。

　ここでは、「"大人"になるワーク」をご紹介します。

　まずは、次ページの「経験リスト」のうち、自分に当てはまるものにチェックをして、自分が今、どれくらい経験を積んでいるのか確認しましょう。

　このワークを通して経験を積めば積むほど、学ぶことが増え、精神が成熟し、魅力的な"大人"になることができますよ。

【 経験リスト 】

☐ 家事を一通りできる

☐ お金の管理ができる

☐ 月4冊以上の本を読んでいる

☐ 部屋が整理整頓されている

☐ 会社や学校以外のコミュニティに参加している

☐ メイクやファッションについて勉強したことがある

☐ コミュニケーションについて勉強したことがある

☐ 美容やダイエットについて勉強したことがある

☐ 人の心理について勉強したことがある

☐ マナーについて勉強したことがある

☐ 自己分析に取り組んだことがある

☐ 感情のコントロールができる

☐ 食欲のコントロールができる

☐ 時間の管理がしっかりできる

☐ 自分のお金で質のいいサービスを受けたことがある

☐ 自分のお金で質のいいものを購入したことがある

☐ 自分のお金で資格取得に取り組んだことがある

☐ 自分の得意なことや不得意なことを理解している

✐ "大人"になるワークの方法

1. 「経験リスト」でチェックがつかなかったものをすべて書き出しましょう。

2. 1で書き出したものを経験するためにはなにをすべきかを書き出し、優先順位を決めて、1つずつ行ってみましょう。

   優先順位は、自分がしたいと思う順番でOKです。

✎ "大人"になるワーク

　このワークは、「経験リスト」すべてにチェックがつくまで、取り組むようにしましょう。取り組めば取り組むほど、"大人"に成長することができます。

1.「経験リスト」でチェックがつかなかったものをすべて書き出しましょう。

例）・お金の管理ができる　・人の心理について勉強したことがある
　　・マナーについて勉強したことがある

2. 1で書き出したものを経験するためにはなにをすべきかを書き出し、優先順位を決めて、1つずつ行ってみましょう。

例）1. お金の管理ができる→収入と支出を把握するためにまず1カ月間家計簿をつける
　　2. 自分のお金で質のいいサービスを受けたことがある→高級レストランで食事をする
　　3. 人の心理について勉強したことがある→心理に関する本を読む

　このワークに取り組むことで、これまでしたことのない様々な経験をすることになります。経験するごとに、成長を実感できるはずです。成長を実感できると、ワークがどんどん楽しくなりますよ。ぜひ、楽しみながらワークに取り組んでくださいね♪

魅力をUPさせる

「類は友を呼ぶ」

「パートナーは自分の鏡」

　という言葉があるように、引き寄せる人（＝まわりに集まる人）は、自分の内面と似た内面を持った人です。

　"引き寄せの法則"により、**人は自分の魅力のレベルに合った人を引き寄せる**ためです。

　そのため、**心優しくて誠実な、素敵な男性に出会いたい（＝引き寄せたい）ときは、自分自身の内面を磨く**必要があります。

　あなたが、身近にいる「魅力的だなぁ」と感じる人を思い浮かべてみてください。

　その人は外見だけではなく、強い意思や優しさ、思いやりなど内側に光るものを持っていませんか？

　ただ眺めているだけの存在（＝芸能人など）なら、外見がいいだけで惹かれますが、すごく容姿がいいわけではないのになぜか惹かれる場合は、その相手のどこかに、あなたが尊敬できる部分があるはずです。

　人の心理とは面白く、顔のつくりがいかに美しくても、人として尊敬できない部分があると、不思議とその人のことを美しいと思えなくなります。

　反対に、顔のつくりが整っていなくても、人として尊敬できる部分や、内面で惹かれる部分がたくさんあると、その人のことを美しいと思います。

　人を魅力的に思うかどうかは、内面が大きく関わっているのです。

内面を磨けば、それだけ素敵な男性を引き寄せられるようになります。

　また、すでに彼がいる場合も、女性が成長することで、その姿に刺激を受けて、そんな彼女に見合う男にならなくてはと、彼が次第に変わっていきます。

　彼に不満があってそれを伝えたところで、彼が根本的に変わることはありません。

　しかし、あなたが彼から尊敬されるような人間になれば、それが刺激となり、「俺も頑張ろう！　変わろう！　いい男になろう！」と、素敵な男性へと成長します。

　幸せな恋愛を引き寄せてくれる内面磨きにオススメなのが、**「魂磨き」**です。

　魂磨きとは、**「現実を見て ⇒ 自分の意識を分析して ⇒ 行動を変えていく」** 現実的な引き寄せメソッドのこと。

　今、あなたが経験している現実は、よくも悪くも自分の内面が引き寄せたものです。

　なので、現実を見れば、自分自身の深い部分と向き合えるようになり、内面を磨くためのヒントを得ることができます。

　（詳しくは『魂磨きで魔法のように願いを叶える♡』〈あさ出版〉をご覧ください）

　ここでは、プチ魂磨きとも言える「内面磨きのワーク」をご紹介します。

　取り組むことで、今までの何倍も魅力的な自分になることができ、今まで以上に素敵な男性と出会えるようになりますよ♡

内面磨きのワークの方法

1.日常でモヤモヤすることを書き出しましょう。

「こんなことを思ってしまうなんて……」と自分の気持ちを否定せずに、モヤモヤしたことを素直に書き出すことがポイントです。

　誰かに見せるわけではなく、自分と向き合うことが目的ですから、飾らずにありのままの気持ちを書き出しましょう。いくつ書いてもOKです！

2.どうしてそのような気持ちになるのか分析してみましょう。

　例えば、"彼から連絡がこない"という出来事に直面しても、「浮気しているのかな？」「きっと疲れているんだろうな〜」「私のこと嫌いになったのかな？」など、人によって、それぞれ捉え方が違います。

　モヤモヤしたことに対して自分がなぜそう思うのか、深掘りすることで、自分では気づかなかった自分の意識について知ることができます。

3.　2を解決する行動について考えて、書き出してみましょう。

　2でモヤモヤの原因がわかったら、その意識を改善する方法を考えてみましょう。自分なりの答えでOKです。

　たとえその答えどおりに行動してモヤモヤがなくならなかったとしても、行動したことで、また別の行動に移ることができます。

内面磨きのワーク

　日常生活の中でモヤモヤを感じたときに取り組みましょう。取り組めば取り組むほど、内面が磨かれ、あなたの魅力はUPしていきます。

1．日常でモヤモヤすることを書き出しましょう。

例）SNSで他人が幸せにしている姿を見て落ち込んだ。

2．どうしてそのような気持ちになるのか分析してみましょう。

例）我慢をしなくてはいけないことが多くて、自分の人生を楽しめていないから、幸せな人を見て、うらやましい気持ちになるのだと思う。

3．2を解決する行動について考えて、書き出してみましょう。

例）・自分のやりたいことを我慢して親の期待に応えるのをやめる
　　・自分の本当の気持ちを我慢して友達に合わせるのをやめる

　3で書いた内容を実行に移すことで、あなたの内面が磨かれ、魅力がどんどんアップしていきます。モヤモヤすることがあるたびに取り組むと、とても効果的ですよ。

被害者意識を手放すワーク

自分で自分を幸せにする
覚悟を持つ

　恋愛に幸せを求めることは決して悪いことではありませんが、ヒステリックになったり、他のことが手につかないほど彼からの連絡が気になったり、故意にとても傷つけられることをされているのに別れられなかったりするのは、恋愛に依存している可能性が高く、注意が必要です。

　上手に自分をコントロールしないと、幸せな恋愛を手に入れることはできません。

　あなたを死ぬまで幸せにできるのも守れるのも、あなただけです。

　誰か（＝外側）に依存して幸せを求めるのではなく、あなた自身が自分の心に寄り添い、自分の手で幸せになりましょう。

　そのためには、**"被害者意識"を取り除き、「自分で自分を幸せにする！」という覚悟を持つこと**が必要です。

　幼少期に寂しさを感じたり、我慢をしたりした経験が多いと、「私はこんなに我慢してきたし、寂しい思いをしてきたの！　こんな可哀想なんだから、幸せにしてね！」という、**"被害者意識"**を持ちやすく、依存体質になりやすいと言われています。

　無意識のうちに、「私は可哀想な存在だから、○○してね」と、誰か（＝外側）に自分自身の幸せの責任を強要するようになり、それが依存になるのです。

　被害者意識は、今まで溜めてきた寂しさや我慢を見て見ぬふりをせずに、「私は本当は寂しかったんだ」、そう自分の気持ちを認めてあげることで癒され、少なくなっていきます。

　自分の気持ちを認めて被害者意識を手放すには、寂しかったことや我

慢してきたことを書き出して、それを**信頼できる人に話す**ことが効果的です。

　被害者意識を手放すまでの流れは、次のとおりです。

①今まで心の内に溜めてきた我慢や寂しさに気づく
②それを「人に話す」という作業で認めていく
③認めることで癒されてきたら「自分で自分を幸せにする！」という覚
　悟を持つ

　②の"話す"という行為がとても大切です。話すことで等身大の自分を認められるようになります。

　もし、身近に話せる人がいなかったらカウンセリングを利用するのがオススメです。日本ではあまり馴染みがないですが、海外では多くの人が、当たり前のようにカウンセラーやセラピーを利用しています。

　話をすることの効果は絶大で、家の掃除をするように、**話すことで"心の掃除"**ができます。

　心がスッキリすると、だんだんと、自分で自分を幸せにする覚悟を持つことができるようになりますよ。

　心の状態に波があるのが人間ですから、今は大丈夫な人も、心が不安定になったときに"被害者意識"が顔を出すことがあるかもしれません。

　そんなときは、「被害者意識を手放すワーク」にぜひ取り組んでみてください。

　今まで溜めてきた寂しさが癒されないうちは、「自分で自分を幸せにする！」という覚悟を持つのはむずかしいですが、このワークに取り組むことで少しずつできるようになるので、焦らなくて大丈夫ですよ。

　まずは、溜めてきたものを癒すことに集中しましょう。

🖋 被害者意識を手放すワークの方法

1. 寂しかったことや我慢してきたことを書き出しましょう。

　思い出せる範囲でいいので、幼少期まで記憶をさかのぼり、親に言われて悲しかったことや傷ついたこと、寂しい気持ちになった出来事、学校で経験した寂しかったことや我慢してきたことなどを覚えている限りすべて書き出しましょう。

　書き出す内容は、いくつあっても構いません。

2.「そのとき、本当はどうしてほしかったか」を考えて書き出しましょう。

・弟ばかりではなくもっと私を見てほしかった
・お母さんに私の話をもっとちゃんと聞いてほしかった
・気楽に話せる友達が欲しかった

　など、言いたかったけど言えずに自分の中に溜め込んでしまった相手への願望を、素直に振り返りましょう。

3. この話をいつ、誰に話すか考えて書き出しましょう。

　自分が心を開いて素直に話せる人なら、話す相手は誰でも大丈夫です。

　感情を解放させることが目的なので、自分が安心して正直な気持ちを話せるかどうかがポイントです。ためらうことなく話せる、信頼できる人に話を聞いてもらうようにしましょう。

被害者意識を手放すワーク

このワークは、1人の時間をつくり、落ち着いた状態で行うようにしましょう。リラックスして取り組んでくださいね。

1. 寂しかったことや我慢してきたことを書き出しましょう。

> 例）親に妹といつも比べられてつらかった。

2.「そのとき、本当はどうしてほしかったか」を考えて書き出しましょう。

> 例）妹と比べずにもっと私自身のことを見てほしかった。

3. この話をいつ、誰に話すか考えて書き出しましょう。

> 例）1週間後に親友と会う約束があるからそのときに話す。

話す相手は、寂しかったことや我慢してきたことの内容ごとに、別の人に話すのもいいでしょう。誰かに話すことで、寂しさが癒され、被害者意識を少しずつ手放せるようになっていきますよ。

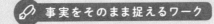

ネガティブな妄想をやめる

「彼が楽しそうに女性と話していた。あの子のことが好きなのかも……」

　このように、私たちはついつい事実を悪いほうに捻じ曲げて捉えがちです。事実を捻じ曲げて捉えることは、妄想と同じです。

　妄想するだけならまだいいのですが、妄想を事実のように捉え、不機嫌になったり、その怒りや寂しさを態度や言葉に出して彼に当たったりすると、彼にとって**"重い女"**になってしまいます。

　男性は"重い女"が苦手なため、"重い女"になるとその女性から離れていきます。

　多くの男性が"重い女"から離れていくのは、相手にするのが面倒だから。男性に限らず、なにも悪いことをしていないのに、突然不機嫌になられたり、感情をぶつけられたり、責められたりしたら、嫌な気持ちになるのは当然です。

　「事実をそのまま捉える」ということを徹底して、ネガティブな妄想をしなくなると、モヤモヤすることがなくなり、恋愛が楽しくなるだけでなく、お互いを傷つけるだけのようなケンカが減っていきます。

　先ほどの、「彼が楽しそうに女性と話していた」という出来事をもう一度、見てみましょう。

　この事実に対して、「あんな笑顔で話しているなんて、きっとあの子のことが好きに違いない！」「私のことは大切じゃないんだな……」と苦しい気持ちになったとします。

　でも、よく考えてみてください。あの子のことが好きだというのも、"私"のことが大切ではないというのも、勝手な**"妄想"**です。

事実としてあるのは、"彼が楽しそうに女性と話していた"ことだけで、それ以上でもそれ以下でもありません。

　彼があなたを苦しめているのではなく、自分が勝手につくり上げたネガティブな架空の現実に自ら苦しめられているだけなのです。

　事実を事実としてそのまま捉えることができないと、恋愛以外でもネガティブな妄想をしてしまうので、人生そのものが生きにくくなります。

　ここでは、「事実をそのまま捉えるワーク」をご紹介します。

　このワークを行うと、ネガティブな妄想をしなくなって自分が楽になるだけでなく、

・勝手に不機嫌になる
・勝手に怒る
・勝手に傷つく

　などのような「勝手に」の部分がなくなり、事実ベースの会話になるため、彼が理解できない言動が減ります。

　すると、彼にとって、あなたと過ごす時間がとても心地よいものになります。

　男性は結婚相手に"心地よさ"を強く望みますから、事実を事実として捉えられるようになると、結婚にも近づきやすくなりますよ。

✏️ 事実をそのまま捉えるワークの方法

1．今日の出来事や感じたことを書き出しましょう。

　事実をそのまま捉える練習なので、恋愛に特化した内容でなくても構いません。

「風邪で休むと言っていた同僚を"ずる休みじゃない？"と思った」

「彼から『今日会えなくなった。ごめん』と連絡がきて、"嫌われたのかな……？"と思った」

　など、"自分がジャッジしていたこと"に着目して今日の出来事を振り返ると書き出しやすいですよ。

2．書き出したことの中から事実でないことを書き出しましょう。

「出来事」と「自分の感情」を分けて考えると、妄想してしまっている部分に気づきやすくなります。

　人は1日に6万回思考していると言われています。それだけ、事実をもとに様々なことを思考しているのです。

　出来事は出来事、思考は思考と整理すると、書き出しやすくなりますよ。

事実をそのまま捉えるワーク

　このワークは毎日、1日の終わりに取り組むようにしましょう。取り組めば取り組むほど、だんだんとネガティブな妄想をしなくなっていきますよ。

1. 今日の出来事や感じたことを書き出しましょう。

例）今日は久しぶりに彼とデートだった。もっと一緒にいたかったのに、夕飯前に解散した。私のこと、好きじゃなくなったのかな？

2. 書き出したことの中から事実でないことを書き出しましょう。

例）ただ夕飯前に解散しただけであって、私のことが好きじゃなくなったかどうかはわからない。事実は「夕飯前に解散した」のみ。

　このワークは、書き出してしっかり確認するだけでOKです。

　自分が事実を捻じ曲げて捉えていたことに気づく練習を重ねることで、だんだんとその瞬間に、妄想していることに気づくことができるようになります。

安心を与えられるようになる

彼から返信がないことに不安になって何度も連絡を入れたり、返信がないことに不機嫌になり、その理由を伝えず、不機嫌な気持ちを態度で示して彼に気づかせようとしたり……。

このような"感情のコントロール"ができていない行為は、彼の心を遠ざけてしまいます。感情のコントロールができない女性を本気で愛する男性は少ないでしょう。

男性は感情的になっている女性を見ると、攻撃から身を守ろうとする**"防衛本能"**、もしくは攻撃に対抗しようとする**"戦闘本能"**が働きます。

人は、感情的になると攻撃的になり、コミュニケーションがままならないからです。

防御本能が働いた男性は、自分の殻にこもり、女性と距離を置き、次のような行動をとります。

> 【防衛本能が働いた男性がとる行動】
> 連絡をしない、なかなか会おうとしない、コミュニケーションをとろうとしない、1人で行動する

また、戦闘本能が働いた男性は、女性を敵とみなし、次のような行動をとるようになります。

> 【戦闘本能が働いた男性がとる行動】
> 意地悪なことを言う、気遣わない、優しくしない、冷たくなる、細かいことに文句を言う

反対に、感情のコントロールができる女性には**"安心"**を感じ、そこを**"自分の居場所"**だと思います。

　感情のコントロールができる女性は、理論的な思考をする男性にとって、とても好印象です。

　男性は、ふだん職場など様々な場所で戦っているので、**自分の居場所をとても大切にする**習性があります。

　自分の感情をコントロールして、彼に安心を与えられると、彼はあなたとの時間やあなたとの場所を大切にするようになります。

　すると、次のような変化が起こります。

・連絡をマメにするようになり、会う頻度が増える
・心を許してくれるようになり、優しくなる
・ずっとあなたと一緒にいたいと思う
・あなたを大切にしたいという気持ちが強くなる
・あなたを最高のパートナーだと思う

　このように、感情のコントロールが「できる・できない」で、彼のあなたへの態度は、大きく変わります。また、彼だけでなく、まわりの人たちとの付き合いも、これまで以上に上手くいくようになるでしょう。

　感情のままに行動する前に、一呼吸おいて自分の気持ちを整理してみましょう。

　そうは言っても、感情が高ぶったときは、一呼吸おくことさえできないかもしれません。だからこそ、日ごろから自分の気持ちを整理することで、感情をコントロールできるようになることが大切です。

　ここでは、「感情をコントロールするワーク」をご紹介します。

　このワークを行うと、どんなときも冷静に自分の気持ちと向き合えるようになりますよ。

🖋 感情をコントロールするワークの方法

1. モヤモヤしていることや不安なことを書き出しましょう。

彼に関することでモヤモヤすることや不安なことを書き出してみ
ましょう。

友達や家族、職場の人など、ふだんよく接する人に対してでも
構いません。

2. 本当はどうしてほしいか、書き出しましょう。

彼が自分に対してどんなふうになってほしいのか、素直な気持
ちを書き出してみましょう。

友達や家族・職場の人などに対しても、「お給料を上げてほしい」
「私がやることを否定しないでほしい」など、してほしいことを素
直に書き出しましょう。

3. そのために自分ができることはなにか、書き出しましょう。

2で書き出したことをしてもらえるようになるにはどうすればよ
いかを書き出します。

例えば、「私ともっと会ってほしい」という気持ちがあるときは、
「じゃあどうしたら彼はもっと私に会いたくなるかな?」と考える
といいでしょう。

そして、「彼にもっと癒しを与えられるように心穏やかに接する。
そのために日々余裕を持てる過ごし方をする」など、なるべく具体
的な行動をここに書いていきましょう。

感情をコントロールするワーク

　このワークは、日ごろから取り組むことで感情をコントロールできるようになります。相手に感情をぶつけなくなるまで、取り組むようにしましょう。

1. モヤモヤしていることや不安なことを書き出しましょう。

例）仕事ばかりで彼が会ってくれない。

2. 本当はどうしてほしいか、書き出しましょう。

例）会う時間をもっとつくってほしい。

3. そのために自分ができることはなにか、書き出しましょう。

例）彼に「会いたい」と思われる存在になるために、彼にもっと癒しを与えられるよう心穏やかに接する。そのために、日ごろから余裕を持って過ごすようにする。

　1と2を書き出すことで、自分の感情がどのように動いているのか、わかるはずです。そのうえで、3で書き出した内容を実行しましょう。3の内容を実行することに集中すれば、感情は次第にコントロールできるようになっていきますよ。

自分を大切にするワーク

自己犠牲をやめて
幸せを引き寄せる

幸せな恋愛ができる人は、自分のことを大切にできる人です。
"自分を大切にする"とは、"自己犠牲をしない"ということです。
　例えば、

・余裕があるわけではないのに、友人にお金を貸して生活費が足りなく
　なってしまった
・本当は嫌いなものなのに勧められたので相手のために「美味しい」
　と嘘をついて食べた
・体調が悪いのに彼に悪いからと、いつもどおり彼のお弁当をつくった

　などのような行動は、**"相手のために行動することで、自分を犠牲"**に
しています。
　あなたのことを傷つける人や、大切にしてくれない人からあなたを守
ることができるのは自分だけです。
　あなたを大切にしてくれない男性を選び続ける限り、不幸な恋愛は続
いてしまいます。

　日本には、「犠牲こそが善」「苦労こそが善」など、自分を苦しめるこ
とを美徳とする文化があります。
　そのため、自己犠牲が当たり前になっていて、自分が犠牲になってい
ることに気づかない人も多くいます。
　一度、「自分を犠牲にして相手のために行動していないかな？」と自
分の行動を振り返ってみましょう。

あなたを心から大切に思っている人は、あなたの自己犠牲を絶対に許しません。

反対に、あなたを大切に思っているふりをして利用しようとする人は、あなたに自己犠牲させようとします。

自己犠牲をやめると、あなたを大切に思っていない人や都合よく接してくる人は次第に離れていき、あなたのことを大切に思う人だけが残ります。

また、新たにあなたを大切に思ってくれる人とも出会え、悪縁に惑わされなくなるため、良縁に恵まれます。

良縁とは、自分のことを大切に守ることができる人との縁であり、悪縁とは、自分を犠牲にし続けないと関係を保てないような人との縁です。

そのため、自己犠牲をやめて、自分を大切にできるようになると、不幸な恋愛ともさよならすることができます。

「自分を犠牲にしてもいい」というマインドを変えるために、ここでは、「自分を大切にするワーク」をご紹介します。

このワークでは、どんなときに自分を犠牲にしているかを知り、ふだんから自分を大切にするマインドを身につけます。

早速、取り組んで、よりよい出会いを増やしていきましょう！

まずは、次のページの「自己犠牲チェックリスト」の項目のうち、当てはまるものにチェックを入れましょう。

そのうえで、「自分を大切にするワーク」に取り組んでみてくださいね。

【 自己犠牲チェックリスト 】

☐ 大事な予定があるときは誘いを断る

☐ 無理して相手のために行動しない

☐ 相手の顔色をうかがわない

☐ 相手の機嫌をとろうとしない

☐ お金や物を貸してほしいと言われたとき、嫌なら断る

☐ 自分の悪口を言われたときに受け流さずに、きちんと相手に言う

☐ 自分の考えや意見を相手に伝える

☐ 嫌なことは嫌と伝える

☐ 自分の時間を安売りしない

☐ なんでもかんでも引き受けない

☐ 自分を卑下して話さない

✎ 自分を大切にするワークの方法

1.「自己犠牲チェックリスト」で、チェックがつかなかったもの
をすべて書き出しましょう。

2. 1で書き出した項目ができるようになるために、これから取り
組むべきことを書き出しましょう。

「どうしたら自分のことを大切にできるかな？」と考えながら書き
出すといいでしょう。
　むずかしい場合は、「私、あの場面で無理していたな～」と、自
分を犠牲にして他人のために行動していた場面を思い出し、その
ときどうしたら自分を犠牲にせず、自分を大切にすることができた
のかを考えてみましょう。

🖊 自分を大切にするワーク

　このワークを行うことで、つい自己犠牲してしまう自分から、自分を大切にできる自分へ変えていくことができます。

1.「自己犠牲チェックリスト」で、チェックがつかなかったものをすべて書き出しましょう。

> 例）・嫌なことは嫌と伝える　・なんでもかんでも引き受けない

2. 1で書き出した項目ができるようになるために、これから取り組むべきことを書き出しましょう。

> 例）・これからは嫌われることを恐れずに嫌なことはきちんと伝える
> 　　・自分の時間を大切にする余裕があって、なおかつ気持ちよくできることを引き受けていくことにする

　自己犠牲をせず自分を大切にすることができるようになると、自然と良縁がめぐってきます。自分のことを大切にするためにも、このワークはぜひ積極的に取り組んでみてくださいね。

生きやすい思考を手に入れる

　男性から愛されるのは "いい子ちゃん" ではなく、「ちょっとワガママに見える女性」です。

「いいよいいよ〜、全然大丈夫！」などと遠慮する女性よりも、「○○してほしい」と言える女性が愛されます。

　まわりから見るとワガママに見えるかもしれませんが、実際はそうではありません。

　自分のしてほしいことを言葉できちんと伝えることで、男性に活躍できる機会を与えているからです。

　遠慮してしまう女性と、ワガママを言って愛される女性の大きな違いは、"善悪思考" を持っているかどうかです。

　遠慮してしまう、いわゆる "いい子ちゃん" の女性は、物事を善と悪に分ける善悪思考が強く、「こんなこと頼んじゃダメだ」「もっと自分が頑張らないと」と、彼に頼ることができません。

　逆に、ワガママを言って愛される女性は、「〜しちゃダメだ」という善悪思考がなく、彼のことを気遣いながら頼みごとができるため、彼に活躍できる場をたくさん与えることができます。

　"いい子ちゃん"の行動は、「いいか悪いか」が軸で、ワガママを言える愛される女性の行動は、「信頼と思いやり」が軸となっています。

　ワガママと言っても自分勝手なワガママではなく、愛される女性のワガママには "気遣い" があるのです。

　幼いころから「我慢しなさい」「贅沢しちゃダメよ」「いい子になりな

さい」と親やまわりの人たちから言われ続けてきた人は多いと思います。

　これが続くと、善悪思考が強くなり、物事をいいか悪いかで判断するようになってしまいます。

　自分の中の善悪思考に気づき、それを手放しましょう。

　善悪思考がなくなると、彼に活躍できる場を与えることができるようになり、彼との関係がよいものになっていきますよ。

　善悪思考をなくすことは、恋愛に限らず人生のあらゆることに役立ちます。

　善悪思考がなくなると、自分を縛りつけていたものを手放せるので、自分が生きたいように生きることができるようになり、人生の幸福度も上がります。

　そのため、今すぐ恋愛をしたいとは思っていない人も、自分のためにぜひ取り組んでみてくださいね。

　では早速、「善悪思考を手放すワーク」をご紹介します。

　このワークは、今自分が持っている善悪思考がどんなものであるか、また、その原因を知ることで善悪思考を手放します。

　このワークを行うことで、ぐんと生きやすくなるので、ぜひ積極的に取り組んでみてくださいね。

善悪思考を手放すワークの方法

1.「〜しちゃダメだ」と思っていることを書き出しましょう。

　自分の行動の中で、善悪が基準になっているものはないか振り返って考え、思い当たったものを書き出しましょう。

　人に頼ることが苦手な人は、"人に頼ってはダメだ"という善悪思考を持っている場合があるので、人に対して苦手な行動はどんなことかについても着目するといいでしょう。

2. 1で書き出したことについて、そう思う理由を書き出しましょう。

「小学生のころに容姿に対して悪口を言われて、そこから人に嫌われないために"人に合わせないとダメだ"と思うようになった」などのように、幼少期や学生のころを振り返ると、どうしてダメだと思うようになったかのヒントを得やすいです。

3. 2の思考を覆して、その内容を書き出してみましょう。

　2で書き出した理由を否定して、書き出してみましょう。
「人に合わせないとダメだと思っていたけど、四六時中、人に合わせることなんてそもそもできないし、人に合わせてこれからも生きるなんて楽しくなさそう。自分自身を生きて楽しく過ごしたいから、人から嫌われてもいいや」というように、いい意味であきらめて、それを"認める"と、思考を覆しやすくなります。

善悪思考を手放すワーク

　このワークは、「我慢しているな」と思うことがあったら、行うようにしましょう。また、定期的に書き出したことを見返すのをオススメします。

1.「〜しちゃダメだ」と思っていることを書き出しましょう。

例）甘いものは食べちゃダメだ。

2. 1で書き出したことについて、そう思う理由を書き出しましょう。

例）甘いものを食べちゃダメだ → 痩せないと自分に価値がないと思っているから

3. 2の思考を覆して、その内容を書き出してみましょう。

例）痩せないと自分に価値がないと思っているから
　　→痩せていなくても痩せていても私には価値がある。痩せることで価値が生まれるわけではない

　善悪思考があると、我慢をしてしまいがちなので、とても生きにくく苦しいです。ぜひこのワークに取り組んで、生きやすい思考を手に入れましょう！

彼の"ヒーロー願望"をくすぐって、
彼に大切にされるように♡

Wさん（20代・学生）

　私の彼はどちらかと言うと女性の気持ちがわかるタイプなので、男性心理の特徴が彼に当てはまるかわかりませんでしたが、華さんのオンライン講座で学んだことを実践してみました。

　まずは彼に頼みごとをしてみたのですが、とても嬉しそうで、心の奥深くにはしっかり男性特有の"ヒーロー願望"があることがわかりました。

　その日から、彼にいろいろな頼みごとをすることを心がけています。

彼にたくさん頼みごとをして、
彼が活躍できる機会（ヒーローになれる機会）を増やす
　　　　　⇓
彼がしてくれたことに大喜びする

　喜ぶときは、「明るく、笑顔で、素直に、オーバーリアクション」を意識しました。すると、今では、頼んでもいないこと（家事など）まで自分からしてくれるように！

　また、会うたびに「大好き」「可愛い」と言ってくれるし、連絡もマメにくれます。

　男性心理の特徴を踏まえたうえでのコミュニケーション法はすぐに実践できるものばかりで、とても効果的です！

　男性心理を学んだおかげで、毎日彼に愛されていると実感でき、すごく幸せな恋愛ができています♡

chapter 3

幸せな恋愛をするための

ワーク

幸せな恋愛は自分次第

　よくも悪くも、恋愛相手には外見・内面ともに自分自身のレベルがそのまま反映されます。

　"幸せな恋愛をしたい！"という目標があるのなら、幸せな恋愛ができる自分になる必要があります。

　幸せな恋愛は自分次第なのです。**自分を変えることさえできたら、今、苦しくて、つらい思いをしている人も、「こんなに幸せな恋愛ってあるの!?」と、びっくりするぐらいの恋愛をすることができるようになります。**

　幸せな恋愛を手に入れるうえでまず重要なのが**"第一印象"**です。

　はじめて出会ったときに、「この女性素敵だなぁ〜」といい印象を持ってもらえなければ、そのままフェードアウトされてしまい、そもそも恋愛に発展しません。

　相手に最初に与える印象はとても重要です。**"1回きりの勝負"**くらいに重く考えていいでしょう。

「いつも2回目のデートに誘われない」

「初デート後に連絡をくれなくなった。こっちから送っても未読スルーが多い」

　などのケースのほとんどは、はじめて会ったときにいい印象を与えることができていないことが原因です。

　男性は、はじめて会った女性を、無意識に自分の中で次のようにランクづけをします。この第一印象でどこのランクに入るかによって、その後のあなたに対する態度が決まってしまいます。

男性が女性に抱く第一印象ランク

大本命
（一目惚れ！　なにがなんでも手に入れたい。
最初からベタ惚れ）

本命
（付き合いたい！　積極的に自分からアプローチはするけれど、
他にいい女性がいたらそっちもありかな）

普通
（まぁ、付き合ってもいいかな？
女性側が付き合いたいというなら付き合ってもいい）

セフレ
（都合のいいときに会えればいいや。
付き合う気はない）

なし
（都合のいい関係でもお断り）

　第一印象をよくすることは、幸せな恋愛をするための基本中の基本です。

　chapter 3 では、幸せな恋愛をするためのワークを5つご紹介します。
　これらのワークに取り組めば、好きな相手を振り向かせることができ、必ず本命以上の女性になれます。
　また、今お付き合いしている彼からとても大切にされるようになるでしょう。
　幸せな恋愛ができるかどうかは、自分次第です。楽しくワークに取り組んで最高の幸せをつかみましょう！

愛されるために必要な
2つのこと

　飽きや慣れが訪れず、お互いに想い合う関係を継続するには、**お互いが尊敬し合えることが大切**です。

　"人"として尊敬できる部分を感じることで、愛が深まっていきます。

　逆に、すぐに終わってしまう関係や遊びの関係は、どちらか一方が相手に対して尊敬の心がない場合が多くあります。

　尊敬される人と尊敬されない人。その違いは、「自分軸」があるかどうかです。

　尊敬される人というのは、**「自分軸」がある人**です。

　自分軸があると、自分にしかない輝きに満ちあふれます。そんな女性を、男性は尊敬して大切にしたいと思います。

　逆に自分軸がないと、自分にしかない輝きが埋もれてしまうので、男性からは光るものがなく、他の女性と同様に見えるため、「代わりはいくらでもいる」と思われてしまいます。

　自分軸をしっかり持っていると、男性から"人"として愛されるようになります。

　また、自分軸がある女性は「私はこう生きたい」という信念を持っているため、男性に振り回されることがありません。そのため、男性に**"手に入りそうで手に入らない"**という刺激を与えることができます。

　男性は"獲得欲"が強いため、そんな女性を追いかけたくなり、結果的にその女性をとても大切にするようになるのです。

人として魅力的であることに加え、女性として魅力的であると、恋愛はおどろくほど上手くいきます。

> 　人として魅力的（＝自分軸がある）
>
> 　　　　　　　　＋
>
> 　女性として魅力的（＝女性らしさがある）
>
> 　　　　　　　　＝
>
> 　溺愛される、本気で大切にされる、モテモテになる

　反対に、この２つが不足していると、次のような状態に陥ってしまいます。

【人として魅力的でない（＝自分軸がない）】
・本命になりにくい
・短い付き合いで終わりやすい
・愛されず、大切にされない

【女性として魅力的でない（＝女性らしさを感じない）】
・「いい人だけど……」で終わりやすい
・友人関係以上に発展しにくい
・セックスレスになりやすい

　自分軸と女性らしさの両方を身につけることで、恋愛でよくある悩みが生まれにくくなります。
　chapter3ではまず、「自分軸を明確にするワーク」と「"女性らしさ"を磨くワーク」をご紹介しましょう。

自分の人生を生きる

彼に大切にされ、心から愛される関係を築いていくには、2人の間に"尊敬"の気持ちがあることが大切だとお話ししました。

尊敬する気持ちがないと、恋愛関係において男性と女性の間に上下関係ができてしまうからです。

男性が女性に対して尊敬の気持ちを持てないと、女性を下に見るようになり、次のようなことが起こります。

【付き合う前】
- LINEの既読＆未読スルーが当たり前
- 音信不通になる
- 2人の関係に責任を持とうとしない
- 自分の都合でしか動いてくれない
- 言葉だけで行動が伴わない

【付き合ってから】
- 付き合っているのに他にもっといい出会いを探し求める
- いつも遅刻するなど"親しき仲にも礼儀あり"を忘れた行動が多い
- 約束を平気で破る
- 彼女を馬鹿にする、上から目線の発言をする
- 誕生日や記念日のお祝い＆プレゼントが適当になる

【結婚してから】
- 家庭を大切にしない

・妻の頑張りを認めない

・やってもらって当然という態度でいる

・妻を気遣わない

　このように、上下関係ができてしまうと幸せな恋愛が遠のいてしまいます。

　上下関係をつくらないためには、**"尊敬"される人間**になることがとても重要です。

　愛は、尊敬できる部分があることで、長く続くのです。

　尊敬の気持ちは、"人としての魅力"を感じたときに芽生えます。

　付き合った当初に男性側が結婚を考えるぐらい彼女を好きでいたのに冷めてしまったり、愛し合って結婚したはずなのに上手くいかなくなったりするのは、"人としての魅力"の有無が関係しています。

　人としての魅力は、**自分の人生を生きる＝自分軸を持つ**ことで磨かれていきます。

　ここでは、「自分軸を明確にするワーク」をご紹介しましょう。

　このワークは、どんな人生を歩んでいきたいか、どんな人間になりたいかを深堀りすることで自分軸を明確にします。

　このワークに取り組んで、自分軸をしっかり持ち、日々、自分自身を成長させて自分の人生を生きることができる女性になりましょう。

自分軸を明確にするワークの方法

1.「どんな人生にしたいか」を考えて書き出しましょう。

　"人生"と聞くと壮大に聞こえますが、人生は"日々の暮らし"の積み重ねなので、「毎日どんなふうに暮らしたいか」をイメージすると書きやすいでしょう。

　好きなことを仕事にして毎日楽しく仕事をして生きていきたい、お金に困らない優雅な生活をしたい、愛する人とのんびりお気に入りの家で暮らしたい……。

　自分が思い描いている夢なども書いてみましょう。

2.「人として大切にしたいマイルール」を考えて書き出しましょう。

　自分がどんな人になりたいか、憧れの人物の性格や人柄など"なりたい人物像"の内面を想像すると、わかりやすいです。

「こんな素敵な人になりたいなぁ……」と思う人物の内面をイメージしてみましょう。

3.　1と2をもとに取り組むことを決めて書き出しましょう。

　1と2を叶えるために必要だと思う行動を、具体的にまとめてみましょう。

　ここに書いた行動をしていくことで、自分の人生を生きることができるようになります。

✏️ 自分軸を明確にするワーク

　このワークは、自分の心に嘘をつくことなく、素直に書き出すことがポイントです。

1.「どんな人生にしたいか」を考えて書き出しましょう。

例）好きなことを仕事にして毎日楽しく華やかに生きていきたい。

2.「人として大切にしたいマイルール」を考えて書き出しましょう。

例）・視野を広く持って可能性を広げていく　　・自分にも他人にも誠実に生きる
　　・言い訳をせずに即行動する

3.　1と2をもとに取り組むことを決めて書き出しましょう。

例）・好きなことを仕事にして毎日楽しく華やかに生きていきたい → ビジネススクールに通う
　　・視野を広く持って可能性を広げていく → 様々なジャンルの本を読む

　1と2があなたの自分軸です。なにか行動に迷ったときや他人に流されそうになったときは、1と2を思い出しましょう。
　自分軸を明確にすると行動の基準が定まります。迷うことも減るので、より自分の人生を生きることができるようになりますよ。

Love workbook �“女性らしさ”を磨くワーク

外見と内面の両方を磨く

chapter3　幸せな恋愛をするためのワーク

　女性は仕事やすべきことをきちんとしている男性に惹かれ、男性は女性の外見に惹かれます。これは生き物としての本能です。

　婚活パーティーでは、この生き物としての本能がよく活用されます。

　男性参加者を募るときは、「きれいな女性ばかり！」と宣伝し、女性参加者を募るときは、「年収600万円以上の男性が多く参加しています！」などと宣伝するのです。

　女性が“男性らしさ”に惹かれるように、男性も女性の“女性らしさ”に惹かれます。

男性にとっての女性らしさとは、“外見の美しさ”です。

外見の美しさは、元々の生まれつきの顔のつくりではなく、内面からにじみ出る美しさのこと。

　例えば、不満が多い人は口角が下がり、口もへの字になっていきます。

　怠惰の意識は、体型に表れます。

　意識は、ファッションやメイクに反映されます。

　外見は“内面の一番外側”。結局、**“外見が美しい”というのは同時に“内面が美しい”**ということなのです。

　日々、言い訳をせずに自分で決めたことに責任を持って、自分自身と向き合うという意識を持つことで、外見は美しくなっていきます。意識の違いで、年齢に関係なく、誰もが美しくなることができるのです。

「付き合った当初よりも大切にしてくれない……」
「最近、なんだか慣れが出てきてマンネリ化してきた……」

こうしたモヤモヤが出てくる原因の1つは、自分自身の意識が変わってしまったからです。

最初はメイクやファッションも力を入れていたのに雑になったり、言葉遣いがだんだん汚くなったり……。「もういいかな？」「まぁ、いっか」というような意識は、"女性らしさ"を奪ってしまいます。すると、彼の扱いも雑になってくるというわけです。

早速、「"女性らしさ"を磨くワーク」をご紹介しましょう。

このワークでは、外見と内面の両方を磨きます。

外見を変えると内面が変わり、内面を変えると外見が変わります。

両方からアプローチすることで"女性らしさ"をいち早く身につけることができますよ。

まずは、次の2つのリストの中で、あなたの今の状態に合っているものにチェックを入れましょう。

そのうえで、「"女性らしさ"を磨くワーク」に取り組んでみましょう。

【 リスト① 外見の美しさ 】

☐ 髪の毛がツヤツヤしている

☐ お肌がつるつるしている

☐ 唇が潤っている

☐ 手先・足先まで手入れが行き届いている

☐ 栄養たっぷりの自炊ができている

☐ 1人でゆっくり過ごす時間をつくれている

☐ ファッションを楽しんでいる

☐ 正しい歩き方を意識している

☐ 痩せすぎでもなく太りすぎでもないきれいな体型を目指している

☐ 日々、ストレッチや筋トレ、マッサージをしている

☐ ジャンキーな食べものや甘い食べものを控えている

☐ ムダ毛や眉毛のお手入れを常にしている

【 リスト② 内面の美しさ 】

☐ 人にしてもらったことに対して「ありがとう」を言える

☐ 素直に「ごめんなさい」と言える

☐ 上手に甘える方法を知っている

☐ 頼る⇔自立のバランスを上手くとれる

☐ 感情をコントロールする方法を知っている

☐ 誰かと比べずに自分を愛せる

☐ 失敗を素直に受け入れることができる

☐ できない自分も認められる

☐ 相手のことを考えた行動ができる

☐ 聞き上手⇔話し上手のバランスを上手くとれる

☐ 自分を客観視できる

☐ 被害妄想をしない

☐ 自分の機嫌は自分でとれる

☐ 楽しいと思える人生を築けている

☐ 人との違いを受け入れ認められる

✏ "女性らしさ"を磨くワークの方法

1. 外見、内面の2つのリストでチェックがつかなかった項目をすべて書き出しましょう。

2. 1で書き出した項目ごとに、これから取り組んでいくことを決めて書き出しましょう。

　自分がすぐに取り組めることをメインにまとめましょう。

　例えば、「肌をきれいにする」ために美容皮膚科のレーザー治療を受けられる環境にある人もいれば、金銭的な理由でできない人もいます。自分ができる範囲でいいので、すぐに実践できる現実的なものに取り組むようにしましょう。

"女性らしさ"を磨くワーク

このワークは、月に2度など、定期的に取り組むようにしましょう。

1. 外見、内面の2つのリストでチェックがつかなかった項目をすべて書き出しましょう。

> 例）【外見】
> ・お肌がつるつるしている　・日々、ストレッチや筋トレ、マッサージをしている
> 【内面】
> ・素直に「ごめんなさい」と言える　・自分の機嫌は自分でとれる

2. 1で書き出した項目ごとに、これから取り組んでいくことを決めて書き出しましょう。

> 例）【外見】
> ・美容皮膚科に行く、質のいい食事をする　・朝にストレッチ、夜に足のマッサージをする
> 【内面】
> ・その瞬間に言えなくても、あとからでも伝えられるよう心がける
> ・毎日1つでも自分が喜ぶことをしてあげる

　2で書き出した内容は、できることから取り組んでいきましょう。外見も内面も、磨けば磨くほど、男性に大切にされるようになります。ぜひワークを楽しんで続けてくださいね♪

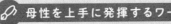
母性を上手に発揮するワーク

彼にとって
"癒しの存在"になる

男女では、潜在的に異性に求めるものが違います。

たとえば、女性は男性に**"家族を守ってくれる強さ"**を求めるのに対し、男性は女性に**"母性"**を求めます。

女性の"母性"は、男性にとってとても温かいものなので、"母性"を上手に発揮できると、彼と深い愛を築けるようになります。

女性は、愛する人にはついなんでもやってあげたくなってしまいますが、あまりになんでもやってしまうと、男性は自分から行動しなくなり、"男らしさ"がなくなってしまいます。

男性に対して母性を過剰に発揮すれば、男性はその女性を「母親」のように感じてしまい、恋愛対象として見なくなってしまいます。すると、いつか彼は離れていってしまうでしょう。

しかし、母性を上手に発揮することができれば、男性にとって、最高の"癒しの存在"になれるだけでなく、プライドが高く弱さをあまり見せたくない男性が、唯一弱さを見せられる、愛おしい大切な存在になることができます。

「母性を上手に発揮する」⇔「過剰に発揮する」の違いは、**"男性を自分の思いどおりにコントロールしようとしているか・していないか"**にあります。

自分の思いどおりに動いてほしいという意識が強いと、過剰に心配したり、彼の行動にいちいち口出しをしたくなったり、"私から離れていかないでほしい"と依存したりしてしまいます。

chapter3 幸せな恋愛をするためのワーク

コントロールしようとすればするほど、お金を貸してあげたり、身のまわりのことをすべてやってあげたりと、必要以上に彼に尽くすことになります。

逆に、お互いが自立した状態で母性を上手に発揮することができれば、彼にとって心地よい、癒しの存在になることができます。

ここでは、「母性を上手に発揮するワーク」をご紹介します。

まずは、自分が彼に対して上手に"母性"を発揮することができているか、次の「減らすといい行動」「増やすといい行動」の2つのリストの中で、当てはまるものにチェックを入れて確認しましょう。

減らすといい行動のチェックの数が多いほど、過剰な母性でなんでも許してしまっているということです。

1つでもチェックがついた場合は、「母性を上手に発揮するワーク」に取り組みましょう。

【 リスト① 減らすといい行動 】

☐ 彼のやることにいちいち心配して口出しする
☐ 彼がやるべきことを自分が先にやる
☐ 時間を守らないなど彼の悪い行動を許す
☐ あなたのことを大切にしない彼の行動を許す
☐ 彼の思いやりのない身勝手な行動を許す
☐ 大事な予定をすっぽかしてまで彼に会いに行く
☐ 彼の意見に合わせてばかりいる
☐ やるべきことよりも常に彼を優先する
☐ 都合のいい存在でも彼のそばにいられるならそれでいいと思う
☐ 彼のために自分が我慢すればいいと思う

【 リスト② 増やすといい行動 】

☐ 彼を信じ彼の判断を受け入れる

☐ 彼がやるべきことを代わりにやらない

☐ 彼の悪いところはきちんと指摘する

☐ 自分のために彼に対して怒ることができる

☐ 彼の思いやりのない身勝手な行動を許さない

☐ 自分の意見を彼にしっかり伝える

☐ やるべきことをきちんとこなしたうえで彼を大切にする

☐ 彼と一緒にいるために自分を犠牲にすることはしない

☐ 嫌なことや意見があったとき、我慢するのではなく伝える努力をする

母性を上手に発揮するワークの方法

1.「減らすといい行動」のリストでチェックがついた項目をすべて書き出しましょう。

2. 1で、具体的にしてしまっている行動を書き出しましょう。

　ふだん、自分が彼に対してどのように接しているかを振り返ると、具体的に書きやすくなります。

3. 2で書き出した行動を減らすためにすべき行動を書き出しましょう。

「増やすといい行動」のリストを軸に、これからの行動を考えるとわかりやすいですよ。

4.「増やすといい行動」のリストでチェックがつかなかったものをすべて書き出して、その行動に取り組みましょう。

🖋 母性を上手に発揮するワーク

　このワークは、彼と愛を深めるのにとても大切なワークです。月2度など、定期的に行うようにしましょう。

1.「減らすといい行動」のリストでチェックがついた項目をすべて書き出しましょう。

> 例）・彼のやることにいちいち心配して口出しする　・あなたのことを大切にしない彼の行動を許す

2. 1で、具体的にしてしまっている行動を書き出しましょう。

> 例）・飲み会が多い彼に「行くのやめなよ。体調悪くなるよ」と言った
> 　　・デートの約束時間に30分遅れてきた彼に、「大丈夫だよ」と言って簡単に許した

3. 2で書き出した行動を減らすためにすべき行動を書き出しましょう。

> 例）・彼も大人なのだから本人の自己管理を信頼して口出しせずに見守る
> 　　・「ケーキおごってくれたら許してあげる」と、可愛く怒る

4.「増やすといい行動」のリストでチェックがつかなかったものをすべて書き出して、その行動に取り組みましょう。

> 例）・彼を信じ彼の判断を受け入れる　・彼の悪いところはきちんと指摘する

　母性は、発揮する方法によって、愛される武器にもなりますし、彼が離れるきっかけにもなってしまいます。このワークに取り組んで母性の発揮の仕方を学び、彼にとって癒される存在を目指しましょう。

🖋 依存を克服するワーク

彼に「好きだ」と確信させる

　男性は自分の気持ちを女性よりも感じにくく、何度かデートを重ねた
ころや付き合ったばかりのころは特に、**「果たして本当に好きなのか?」
と自分の気持ちに対し確信を持てない**ことが多くあります（ただ、衝撃
的な一目惚れの場合は除きます）。

　女性は一般的に、男性に比べて自分の気持ちに敏感なため、最初から
「彼が好き♡」と気持ちが盛り上がりますが、男性は女性よりも性欲が
強く、なおかつ感受性が強いわけではないので、「これって好きなのか
な?　ただ性欲を満たしたいだけなのかな……?」と、自分でもよくわ
からないのです。

　自分が抱いている気持ちが好意なのかどうかがわからない初期段階の
ときにあることをすると、男性の気持ちは一気に冷めてしまいます。

　それが、**"依存"**です。

　**男性は、女性を「追いたいほど魅力的だ」と感じたとき、それまでわ
からなかった"好き"という感情が確信に変わり、その気持ちが大きくな
っていきます。**

　そのため、女性が自分に依存していることを感じ取ると、追う必要が
ないので、好きという気持ちも次第に冷めていきます。

　逆に言えば、依存しないことで、男性に本気で好きになってもらいや
すくなるということです。

　男性が依存されていると感じる女性の行動には、次のようなものがあ
ります。

【男性が依存されていると感じる女性の行動】

・返信がきていないのにしつこく連絡をする

・愛されるために簡単に身体を許す

・なんでもいうことを聞く

・なんでも賛同する

・いつでも会いに行く

・「会いたい」としつこく言う

・長文で自分の気持ちを送る

・束縛をする

・すぐに不機嫌になる

・しつこく電話をする

・「私と○○どっちが大切なの!?」と比べる

など。

　ドキッとした人も多いのではないでしょうか。

　依存をやめるには、**「自分」に意識を向けること**が大切です。

　自分に意識が向いていると、依存がなくなるだけでなく、男性の"獲得欲"を刺激することにもなるので、男性が「追いかけたい」と思うようになります。

　では早速、「依存を克服するワーク」をご紹介します。

　まず、次の「自立リスト」の中ですでに実践できていることがあればチェックを入れましょう。

　そのうえで、「依存を克服するワーク」に取り組みましょう。

　このワークをすると、彼や恋愛に依存することから抜け出せるだけでなく、"自立"できるようになり、毎日が楽しくなりますよ。

【 自立リスト 】

☐ 自分のためになるスケジュールを組んでいる

☐ 彼よりも自分の人生を大切にしている

☐ 恋愛以外の時間を大切にしている

☐ 自分と向き合う時間を定期的に設けている

☐ 生活習慣が整っている

☐ 定期的に断捨離をしている

☐ 人と積極的に交流をしている

☐ 自己分析の機会を定期的に設けている

☐ 習いごとをしている

☐ 趣味がある

☐ 会社や学校以外のコミュニティに入っている

✒ 依存を克服するワークの方法

1.「自立リスト」でチェックがつかなかった項目をすべて書き出しましょう。

2. 1で書き出した項目を行うために、これから取り組むべきことを書き出しましょう。

　すぐに行動を始めることが大切なので、自分にとって難易度が低いものにするといいでしょう。

依存を克服するワーク

　このワークは、24時間彼のことばかり考えてしまう、会っていないときも彼がなにをしているか気になるなど、少しでも彼に依存しているかもしれないと思ったときに行いましょう。

1.「自立リスト」でチェックがつかなかった項目をすべて書き出しましょう。

例）・生活習慣が整っている　　・自己分析の機会を定期的に設けている

2.　1で書き出した項目を行うために、これから取り組むべきことを書き出しましょう。

例）・ダラダラSNSを見る時間が多いため、その時間を減らす
　　・ネットにある無料の自己分析ができるものを利用する

　「自立リスト」を実行できるようになればなるほど、男性が依存されていると感じるような行動が減っていき、彼のあなたへの気持ちも高まっていきますよ♪

彼の大本命になる

　モテる人というのは、相手に"魅力を感じてもらえる人"です。

　男性に「いいな」と思ってもらうには、自分の売り出しポイントを知り、それを的確にアピールすることが大切です。

　では、あなたの売り出しポイントはどこでしょうか。

　売り出しポイントを知るには、ビジネス・マーケティングの知識がとても役に立ちます。

「魅力を感じてもらう」=「自分を相手に"売る"」ことは、商品を売ることと似ているからです。

　次のように、自分を"商品"だと考えると、わかりやすいでしょう。

・商品のパッケージや宣伝文句が魅力的でも、質が悪いサービスや中身
　だとリピートしてもらえない

⇒外見がよくても中身が魅力的ではないと、また会いたいと思われない

・魅力的な商品には高くてもお金を出すけれど、そこまで魅力を感じな
　いものにはお金をかけない

⇒時間やお金をかけてもらえる人は、それに値する魅力がある

・とても質のいい商品でも、パッケージがイマイチだと興味を持っても
　らえない

⇒内面がとても魅力的でも、外見に無頓着だと興味を持ってもらえない

自分という"商品"についてきちんと知り、自分の売り出しポイントを的確に伝えることができれば、あなた自身の魅力を相手に感じてもらえるようになり、恋愛でのチャンスをつかみやすくなります。

　自分の魅力をきちんとアピールできれば、片思いも、両思いも、好きな人がいない人でさえも、恋愛が上手くいくようになりますよ。

　しかし、自分の売り出しポイントをきちんと知っている人は少ないように思います。

　また、なかなか見つけるのはむずかしいため、間違って理解している人もいます。

　ここでは、自分の売り出しポイントがわかる「セルフプロデュースのワーク」をご紹介します。

　このワークをすると、**自分の魅力（＝売り出しポイント）**がわかり、また、売り出していく方法もわかります。

　あなたの魅力がさらにUPし、彼に的確にアピールできるようになるので、ぜひ取り組みましょう！

✏ セルフプロデュースのワークの方法

1. 肌や爪、髪の毛、スタイルなど、生まれ持ったものの中で、自分がまだ磨けると思うところと、そこを磨くための方法を思いつく限り書き出しましょう。

　自信がない部分でも、自信がある部分でも構いません。

　少しでも、「今よりもっときれいにできる」という部分を考えて、書き出してみましょう。

2. 人から褒められるところを外見、内面ともに書き出しましょう。

　人から褒められるところは、あなたの魅力的な部分（＝売り出しポイント）です。

　多くの人から何回も褒められるところを書き出すと、よりよいでしょう。

3. 2をどのように恋愛に活かすかを考え書き出しましょう。

　「どう工夫したら、2でわかった自分の魅力が相手にしっかり伝わるか？」と考えると、活かし方が見えてきます。

　自分の魅力が伝わるよう、できるだけ具体的な行動を考えましょう。

🖋 セルフプロデュースのワーク

work sheet

このワークは、人に褒められるたびに追加して行うといいでしょう。

1. 肌や爪、髪の毛、スタイルなど、生まれ持ったものの中で、自分がまだ磨けると思うところと、そこを磨くための方法を思いつく限り書き出しましょう。

例）・鼻の毛穴→レーザー治療をする
　　・傷んだ毛先→カットとトリートメントをしに行く

2. 人から褒められるところを外見、内面ともに書き出しましょう。

例）・声が可愛いと言われる　・料理が上手と言われる

3. 2をどのように恋愛に活かすかを考え書き出しましょう。

例）・声が可愛いと言われる → ・相手のことを癒せる会話ができるように言葉遣いなども気をつける
　　　　　　　　　　　　　　・ゆっくり話すようにして、間を大切にしてみる
　　・料理が上手だと言われる → ちょっとした手料理や手づくりのお土産をデートのときに持っていく

　1と3の内容を実行していくと、どんどん魅力的な女性になっていきます。むずかしいこともあるかもしれませんが、頑張った先に幸せな恋愛が待っていると思って、このワークも楽しみながら取り組んでみてくださいね。

浮気される恋愛から、
幸せな結婚へ！

Yさん（30代・看護師）

　私は、はじめて彼氏ができたのが26歳のときでした。喜んだのもつかの間、その彼氏に、同僚の先輩と浮気されてしまいました。

　その後も、半年間、片思いをした相手に振られたり、付き合った彼氏に3カ月で振られるなど、恋愛がずっと上手くいきませんでした（泣）。

　そんなとき、華さんの講座を知りました。

　「男性心理ってなに？」と思い、早速学んでみると、今まで自分がしていたことが、ダメな行動ばかりであったことに気づきました。

　片思いの人に頼まれてもいないのにお弁当をつくるなど、尽くしすぎていたのです……。

　男性心理を学んだうえで、自分と向き合い半年ほど経ったころ、今の彼と出会い、付き合うことに。

　尽くすのではなく上手に頼ること、それに対して笑顔でお礼を伝えること、感情のコントロールをきちんとすること……。

　まだまだありますが、男性心理を知り、自分自身を変えることで、今では彼にとても尽くしてもらえる幸せな恋愛ができるようになりました♡

　男性心理を知らないまま、今も過去と同じ過ちを繰り返していたかもしれないと思うと、本当に恐ろしいです……。

　今年、彼と籍を入れることが決まりました♡

　まだまだ勉強の途中なので、自分自身をさらに成長させ、もっともっと、幸せな関係を築いていきたいと思います！

chapter 4

彼タイプ診断で
彼のタイプを知ろう!

彼のタイプがわかれば、
アプローチ方法がわかる

　ここまで、男性心理の特徴について学び、愛されマインドを身につけるワーク、幸せな恋愛をするためのワークを行ってきました。

　あなたは、すでに男性に大切にされる魅力的な女性にぐんと近づいています。

　ここでは、あなたの大好きな彼に振り向いてもらったり、恋人に今まで以上に愛されるために、彼のタイプについて探っていきましょう。

「いつも、好きになった人には好きになってもらえない……」

　もしそんな悩みを抱えているのであれば、**"あなたが好きになるタイプの彼は、あなたのことがタイプではない"**ということです。

　逆に、いつも片思いが実る人は、**"自分が好きになるタイプの男性から好かれるタイプ"**、もしくは**"万人受けするタイプ"**であるということです。

　彼が好きになるタイプの女性に近づくことができれば、恋が実る確率は高くなりますし、お付き合いしている彼から今まで以上に大切にされるようになります。

「好きな人のタイプに自分を近づけるってことは、本来の自分を抑え込まなくてはいけないってこと？」と思うかもしれませんが、そうではありません。

　彼の好みに自分を変えるのではなく、彼の好みに合わせて**"表現方法を変える"**だけです。

　例えば、"同じ卵"でも、オムライスや目玉焼き、卵焼きなど、調理

法により様々な料理になりますよね。

それと同じで、"同じあなたのまま"で、表現方法を彼が好むタイプに変えるのです。

表現方法には、外見も含まれます。

仮に、自分はカッコいいファッションが好きで、彼は可愛いファッションが好きな場合、彼と会うときは可愛いファッションを楽しみ、1人でショッピングに行くときや友人と遊ぶときはカッコいいファッションを楽しめばいいのです。

彼に合わすのではなく、**"私が幸せな恋愛をするために、今日は彼のタイプに寄せることを選ぶ"**というように、自分が選んでいるという意識を持つことで、彼のための行動ではなく自分のための行動になります。

chapter 4 では、**"彼タイプ診断"**と称し、男性をヤンチャ系、ピュア系、好青年系、隠れ甘えん坊系、個性派系、ハイスペック系の6つのタイプに分けて、好きな女性のタイプやアプローチ法などをご紹介します。

あなたの好きな彼が、どのタイプに最も近いかを知り、効果のあるアプローチ方法でアプローチしましょう。

例えば、お祝いをされるとき、プレゼントをもらうのが嬉しい人、サプライズをしてもらうのが嬉しい人、手料理をつくってもらうのが嬉しい人、言葉で伝えてくれるのが嬉しい人など、なにが嬉しいかは、人によって違います。

彼のタイプを知ることで、彼にピッタリのコミュニケーションをとることができるようになるため、好きな人に今より好きになってもらえる確率がぐんと上がりますよ♪

彼タイプ診断の見方

彼タイプ診断では、男性を次の6つのタイプに分けています。

① ヤンチャ系
② ピュア系
③ 好青年系
④ 隠れ甘えん坊系
⑤ 個性派系
⑥ ハイスペック系

タイプごとに、特徴、好きな女性のタイプの他、彼へのアプローチ方法、振り向いてもらうために心がけるといいこと、彼が言われて嬉しい言葉、誘い方、告白するときのアドバイスを紹介します。

〈特徴〉

彼がどのタイプであるかの診断は、「特徴」で判断しましょう。

彼に当てはまる特徴が最も多かったタイプが、彼のタイプです。

当てはまった数が同じ場合は、彼は2つのタイプの要素をあわせ持っています。両タイプをチェックしましょう。

〈好きな女性のタイプ〉

彼のストライクゾーンに入るために、とても大切な項目です。仮に、あなたの好きな彼がヤンチャ系の場合は、ヤンチャ系の項目に書かれている内容を意識するといいでしょう。

〈彼へのアプローチ方法〉

　彼と接するときのアドバイスや注意点をまとめています。日ごろから意識するようにしましょう。

〈心がけるといいこと〉

　彼と接するうえでとても重要なポイントなので、この項目は何度も見返すようにしましょう。

〈彼が言われて嬉しい言葉〉

　彼とコミュニケーションをとるときに（LINEやメールでもOK！）、彼との距離がグッと縮まる言葉を紹介しています。この内容を意識して、彼との会話を楽しみましょう。

〈誘い方〉

　デートや遊びに誘うときに効果的なセリフを紹介しています。

　ある程度、彼が好きになるタイプに近づいたうえでの有効的な誘い方なので、まずは彼のタイプに近づくことや、彼が一緒にいて心地よいと思うコミュニケーションを意識することが大切です。

〈告白するとき〉

　告白するときに意識するといいことや注意点をまとめています。「誘い方」同様に、彼が好きになるタイプに近づいたうえで実践しましょう。

　では、次のページから6つの男性のタイプをご紹介します。
　あなたの好きな彼がどのタイプに近いか、当てはめてみてくださいね。

彼タイプ ①

ヤンチャ系

6タイプの中で一番の"チャラ男"。
遊び友達が多く、女性に対して積極的に
アプローチするため、女友達も多い。

characteristic

特 徴

- ♥ 楽しいことが好き、めんどくさいことが嫌い
- ♥ 武勇伝を語りたがる
- ♥ 友達を大切にしていて、友達の優先順位が高い
- ♥ 恋愛では自分の気持ちに従うタイプ
- ♥ 将来のことよりも"今"が大切なので、彼女を不安にさせてしまうことも
- ♥ 人として大事なことや理性よりも、「今こうしたい」という気持ちを大切にして動く。そのため、彼女とデートの約束があっても、他に楽しそうな誘いがあればすっぽかしてしまう。よく言えば、気持ちに正直

好きな女性のタイプ

- ♥ 一言で表すと、ギャルっぽい女性
- ♥ ミニのタイトワンピースが似合うような、スタイルがよく色気を感じる女性
- ♥ テンションが高く、ノリがいい女性
- ♥ 束縛をしない女性
- ♥ きれいめの派手な服装やメイクの女性

彼へのアプローチ方法

　本能やそのときの気分で心が動くので、第一印象がとても重要です。

　そのため、このタイプをよく好きになる女性は、ふだんから外見を彼が好きな女性のタイプに寄せておくといいでしょう。

　このタイプはお調子者なので、女性からアプローチを受けると舞い上がりやすいです。勢いで「結婚しておまえを俺が養っていきたい」という"カッコいいふう"の言葉を言うことも。

　女性は精神的に成熟して、彼のことを冷静に判断できる目を養うことが必要です。

ヤンチャ系

keep in mind

心がけるといいこと

- ♥ 外見を重視するタイプなので、スタイルをよくする（orスタイルのよさをキープする）
- ♥ 会うときは、きれいめの派手なメイクで会う
- ♥ 明るいノリで接する
- ♥ 束縛をしない
- ♥ 「今」を大切にするため、一緒にいる時間を楽しむことを意識する
- ♥ 彼の武勇伝を否定しない
- ♥ 「カッコいいね」とストレートに褒める

pleasant

ヤンチャ系の彼が言われて嬉しい言葉

- ♥ 「男らしくてカッコいい！」
- ♥ 「今まで悪いことたくさんしてきたんじゃない？」
- ♥ 「すごく強そうだよね！」
- ♥ 「一緒に楽しいことたくさんしたいな♪」

　昔の武勇伝をリアクションよく聞いたり、男らしさを褒めたり、気分が上がるような楽しい言葉をかけると喜びます。彼のテンションを下げないような会話を心がけるといいでしょう。

誘い方

> *point* 「面白いこと」がカギ！

- ♡「新しくできたお店に飲みに行かない？」
- ♡「バーベキューしない？」
- ♡「最近、○○が流行っていて面白いらしいよ！ 一緒にやってみない？」
- ♡「海に行かない？」

　今を楽しみたいタイプなので、彼が「楽しそう！」と思いそうなことに誘うといいでしょう。海やバーベキューなど"青春"を連想させるものが効果的！

告白するとき

> *point* 重くならないよう、軽めに伝える

　このタイプは物事を気分で決めやすいので、女性からの告白に対して真剣に考えることなく「別に嫌いじゃないから付き合ってみよ〜」くらいのノリで決めることが多いです。

　告白するときは、"重い"と思われないよう気をつけて！
「私、あなたが好きなんだよね。付き合ってみない？」
　など、短い言葉で、軽めに伝えるのがいいでしょう。

ピュア系

6タイプの中で最も "女性に疎い"。
女性から積極的にアプローチすると恋
が実りやすい。

characteristic

特徴

♥ 控えめで、相手に合わせることが多い

♥「こうなったらいいなぁ」という理想はあるけれど、そのた
めに情熱を持って行動するわけではなく、心の奥に秘めてお
くタイプ

♥ 優しさが大きな魅力。目立つタイプではない

♥ 恋愛にあまり慣れておらず、女性をリードするのが苦手。女性
から見て「ちょっと頼りないなぁ」と思われることも少なくない

♥ 自分に自信がないので、女性からアプローチしてほしいと思っ
ている

♥「好きな芸能人は？」と聞くと、正統派アイドルを答えること
が多い

好きな女性のタイプ

- ♥ 清純で「ザ・可愛い」系の女性
- ♥ 貞操観念がしっかりしているピュア
  な女性
- ♥ 前向きな女性
- ♥ 愛嬌があり、いつもニコニコしている
  癒される女性
- ♥ 素朴でナチュラルな服装やメイクの
  女性

approach

彼へのアプローチ方法

　女性に対しての理想が高いので、女性らしさを常に意識し、細か
いところまで手を抜かないことがとても重要です。

　内面の可愛さを重視する傾向があるので、内面磨きをふだんから
しっかりするといいでしょう。

　彼が「可愛いな〜」と感じて好きになるのは、"人として魅力的な
人"です。

　小さなことに感謝するなど、心が豊かな部分を彼にたくさん見せ
るようにしましょう。

ピュア系

chapter4　彼タイプ診断で彼のタイプを知ろう！

心がけるといいこと

- ♥ 悪口や愚痴を言わない
- ♥ 内面を磨く
- ♥ 癒し系を意識する
- ♥ 貞操観念をしっかり持つ
- ♥ デートには自分から誘う
- ♥ 積極的に自分から話しかける
- ♥ デートでははしゃいだ姿を見せる
- ♥ こまめに「ありがとう」を伝える

pleasant

ピュア系の彼が言われて嬉しい言葉

- ♥「あなたといると元気になれる♪」
- ♥「楽しい！　もっと一緒にいたいなぁ～」
- ♥「あなたといろいろなところに行きたい！」
- ♥「あなたって○○なところが素敵だよね」

　「あなたはこんなにも人を幸せにできる人ですよ～！」ということをたくさん伝えるといいでしょう。

　彼といることができる喜びや楽しさをできるだけ多く伝えることを意識しましょう。無言だったり、表情が暗いと、「俺と一緒にいてもつまらないのかな……」と思ってしまうので、表情豊かにリアクションすることがとても重要です。

ピュア系

心がけるといいこと

- ♥ 悪口や愚痴を言わない
- ♥ 内面を磨く
- ♥ 癒し系を意識する
- ♥ 貞操観念をしっかり持つ
- ♥ デートには自分から誘う
- ♥ 積極的に自分から話しかける
- ♥ デートでははしゃいだ姿を見せる
- ♥ こまめに「ありがとう」を伝える

pleasant

ピュア系の彼が言われて嬉しい言葉

- ♥「あなたといると元気になれる♪」
- ♥「楽しい！　もっと一緒にいたいなぁ～」
- ♥「あなたといろいろなところに行きたい！」
- ♥「あなたって○○なところが素敵だよね」

　「あなたはこんなにも人を幸せにできる人ですよ～！」ということをたくさん伝えるといいでしょう。

　彼といることができる喜びや楽しさをできるだけ多く伝えることを意識しましょう。無言だったり、表情が暗いと、「俺と一緒にいてもつまらないのかな……」と思ってしまうので、表情豊かにリアクションすることがとても重要です。

chapter4　彼タイプ診断で彼のタイプを知ろう！

誘い方

> point　「一緒にいたい」がカギ！

♡「あなたと一緒にいると落ち着くんだ〜！　だから一緒
　にご飯食べてくれない？♡」
♡「ここにあなたと一緒に行きたいなぁって思って♪」
♡「美味しいご飯屋さんが近くにあるらしいんだけど、一
　緒に行かない？♡」

　自信がないため、「ザ・デート！」という感じの誘いに苦手意
識を持ちやすいです。“ご飯”をからめて誘うと、気楽さを感じて、
誘いに乗ってもらえる確率がUPしますよ♪

告白するとき

> point　「あなたがいい！」ということを伝える

　このタイプは「俺なんて……」と自分に自信がないため、“あ
なただからこそ付き合いたい”と真剣に気持ちを伝えるといいで
しょう。
　また、恋愛に対して憧れがあるので、バレンタインデーやクリ
スマスなどイベント時に告白するとより思いが届きやすいです。
　LINEなどよりも、直接会って思いを伝えたほうが効果的です。

　告白するときは、
「こんなに一緒に過ごして楽しいのはあなただけ。私と付き合っ
てくれませんか？」
　などのように、“あなたは特別です”というような言葉を添える
といいでしょう。

好青年系

6タイプの中で一番の"モテ男"。
隠れロマンチストでもあり、本命以外に
あまり興味を抱かない。

characteristic

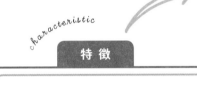

特 徴

- ♥ 人当たりがよく、コミュニケーション能力が高いので、誰からも好かれやすい

- ♥ 学生時代にモテた経験がある

- ♥ 女遊びにハマる人、女性にあまり興味がなくなる人の、2つに分かれる

- ♥ モテるので、自ら女性を追うことがあまりない。そのため、女性へ求めるレベルも高く、内面と外見、どちらも磨かれた女性を魅力的に思う

- ♥ 人には見せないが弱い部分もある。それを引き出し、包み込める母性の強い女性に惚れやすい

- ♥ 女性のワガママが少し好き

好 き な 女 性 の タ イ プ

♥ 華やかで、いるだけでその場を明るく和ます
ことができる女性

♥ 家庭的な女性

♥ 一緒にいて癒される女性

♥ 感情のコントロールができる女性

♥ 「〜がしたい」など自分の意見をしっかり
言える女性

♥ 肌や髪のツヤがきれいな女性

♥ 個性的すぎる服装は苦手。その人に似合
っている服装をしている女性

彼 へ の ア プ ロ ー チ 方 法

　女性に求めるレベルが高いので、本気で好きになってもらいたい
場合は、特に心身ともに美しくいることを心がける必要があります。
　人として尊敬できるところがある女性に好意を抱きやすいので、
自分軸を明確にして、ふだんから自分の人生に集中して過ごすこと
が大切です（習いごとをしたり、勉強したり、好きなことを頑張っ
たり）。
　また、常識やマナーがあるかどうかを重視するので、しっかり身
につけるようにしましょう。

好青年系

keep in mind

心がけるといいこと

- ♥ 外見も内面も磨く
- ♥ どんな愚痴も出てこなくなるくらい、自分の人生に集中する
- ♥ 常に明るくいることを意識する
- ♥ 人としての礼儀を大切にする
- ♥ お礼をきちんと伝える
- ♥ 自分の意思をしっかり持つ
- ♥ 肌や髪などを磨く
- ♥ 家事を一通りできるようになる

pleasant

好青年系の彼が言われて嬉しい言葉

- ♥「あなたと連絡がとれるだけで嬉しい」
- ♥「デートに誘ってくれてありがとう♪」
- ♥「あなたと一緒にいる時間が一番楽しい」
- ♥「いつも頑張っているね！」
- ♥「こんなにカッコいい人、他にいない！」

　小さなことに感謝ができたり、彼のことを考えて言葉をかけられる人にグッときます。どんなことも当たり前と思わずに、こまめに感謝の気持ちを伝えるようにしましょう。
　また、自己肯定感を高めてくれるような言葉が大好きなので、それとは逆の「あなたって、こういうところがダメだよね」という彼を批判するような言葉は、かけないようにしましょう。

誘い方

> *point* 「家庭的な一面と癒し」がカギ！

♡「私がお弁当つくるからピクニックに行かない?」

♡「お仕事お疲れさま! 私、スパが好きなんだけど一緒に 行かない?」

♡「カレーをつくりすぎたから食べにこない?」

　このタイプは、"人の温かさ"に弱いので、家庭的な一面を見 せること、癒しを与えることで距離が縮まりやすいです。1つ だけ注意するなら、モテるので、簡単に身体を許してしまうと 遊ばれる確率が上がります。付き合うまでは簡単に身体を許さ ないようにしましょう。

告白するとき

> *point* 基本的に相手に告白させる

　そこまで本気で好きではない女性の告白にも「OK」と言って しまうことがあります。そのため、好かれていないうちに告白す ると、"彼女という名のセフレ"になる可能性が高いです。

　基本的に自分が興味を持った女性には積極的にアプローチし てすぐに告白するので、彼に好きになってもらい、告白される のを待ったほうがいいでしょう。

　もし、どうしても自分から告白したい場合は、都合のいい関 係にならないように気をつけましょう。

　告白はシンプルに、 「あなたと付き合いたいです」 　という言葉だけで十分です。

彼タイプ④

隠れ甘えん坊系

6タイプの中で最も"承認欲求が強い"。
繊細なので、女性のリアクションにとて
も敏感で、自分の話でよく笑ってくれる女
性が好き。

characteristic

特 徴

- ♥「認めてほしい」という気持ち（承認欲求）が強いタイプ

- ♥「カッコいい自分」でいるために努力はできるが、失敗を怖が
る

- ♥ 見た目がインテリ系でも、中身は甘えん坊でギャップがある。
関係が深まってくるとその姿を見せてくる

- ♥ 繊細なため、女性のちょっとした一言に傷つく

- ♥ 向上心が高いため、デートの準備などを頑張る

- ♥ キザな言葉を言ったり、サプライズなどをするが、女性のため
というよりも「カッコいいでしょ！　認めて！」という気持ち
から行っている

好きな女性のタイプ

- ♥ 身体の見えないところまで手入れをして いる女性らしい女性

- ♥ おしとやかで柔らかい話し方の女性

- ♥ 明るく可愛らしい女性

- ♥ リアクションがよく、笑ってくれる女性

- ♥ 男性のプライドをへし折らない女性

- ♥ 花柄スカートにパステル色のトップスなど のような、フェミニンな格好の女性

approach

彼へのアプローチ方法

　承認欲求が強いので（"隠れ"の場合もある）、彼の話にリアクションよく笑ってくれる女性に好意を寄せます。

　雰囲気が柔らかく、いつもニコニコしている可愛らしい女性がタイプなので、ふだんから意識するとよいでしょう。

　外見は、雑誌の『美人百花』のモデルを参考にするといいでしょう。

　ガサツな人や女性らしくない人は生理的に受けつけないので、彼と会うときは、身体の見えないところまで念入りに手入れをしましょう。

※『美人百花』（角川春樹事務所）

隠れ甘えん坊系

心がけるといいこと

- ♥ フェミニンなメイクやファッションをする
- ♥ 身体の見えないところまで磨く
- ♥ 美意識を高く持つ
- ♥ たくさん褒める
- ♥ 彼の話でたくさん笑う
- ♥ ちょっとしたことでも「すごいね！」と彼を認める
- ♥ デートの場所選びなどは彼に任せる
- ♥ 彼がしてくれたことに大きく喜ぶ

隠れ甘えん坊系の彼が言われて嬉しい言葉

- ♥「あなたって行動がカッコいいよね！」
- ♥「お店選び、センスあるね！」
- ♥「すごく頼りになる♪」
- ♥「いつも仕事頑張っていて尊敬する！」
- ♥「話、いつも面白いよね！」

　彼の承認欲求を満たすような「カッコいい」「面白い」「センスがある」「尊敬する」などの言葉をたくさん伝えるようにしましょう。

　繊細なため、女性のちょっとした一言に傷つくので、ネガティブな言葉は使わないようにしましょう。例えば、彼が選んだお店がイマイチでも、「あなたとここにこられて嬉しい♪」など、肯定する言葉を伝えるといいですよ。

誘い方

> *point* 「彼を求める言葉」がカギ！

♡「カッコいいあなたとデートしたいな！」（ストレートに）

♡「美味しいイタリアンに連れて行ってほしい♡」

♡「あなたといるとすっごく楽しいから一緒にご飯食べたいな〜！」

♡「あなたと○○に行きたい！」

　基本的にストレートに希望を伝えたほうがいいです。

　承認欲求が強いので、「"あなたと"行きたい」というように、彼を求める言葉で誘うといいでしょう。

告白するとき

> *point* 幸せをアピール！

　自分の評価を気にしてハッキリ断れないタイプなので、「君のことはとても魅力的に思うんだけど、今は彼女をつくる気がなくて……」などのような曖昧な言葉で断ることが多いです。鵜呑みにして、都合のいい関係にならないように注意しましょう。

　もし、曖昧な言葉を言われたら、「彼へのアプローチ方法」に書いてあることを実践しましょう。

　告白するときは、

「あなたといるときがとても幸せ♡　これからも一緒にいたい。あなたの彼女になりたいです」

　などのように、"あなたは私のことをとても幸せにしてくれます"という言葉を添えて伝えるといいでしょう。

彼タイプ ⑤

個性派系

6タイプの中で最も "ミステリアス"。
自分の世界観をとても大切にしていて、
かなりマイペース。

characteristic

特徴

- ♥ ファッションに対するこだわりが強い

- ♥ 芸術が好き

- ♥ バンドマンや芸能の世界に多い

- ♥「なにを考えているかわからない」という印象を抱かれやすい

- ♥ 独特な感性を持っていて、自分の世界を大切にしたい。自分の世界を尊重してくれる女性に心を開く

- ♥ 好奇心が旺盛なため、付き合う気のない女性とも距離が近い。「え、あんなにいい感じだったのに付き合う気ないの!?」と、女性が驚くことも

好きな女性のタイプ

- ♥自分と同じように独特の世界観を持っている女性
- ♥自由を楽しむ関係を求めるため、お互いの行動にあまり口出しせずに干渉しない人が好き
- ♥自分をありのまま受け入れてくれる人
- ♥少しミステリアスな女性
- ♥服を量産型のお店ではなく、セレクトショップで選ぶ女性

彼へのアプローチ方法

　　自分の世界観をとても大切にしているので、彼の世界観を尊重し大切にすることが、効果的なアプローチになります。

　　おしゃれな洋服やカフェ、流行りの音楽などの研究をし、会話のネタを日々集めるようにしましょう。

　　自分の世界観を否定されることや、自分のペースを邪魔されることを嫌うので、"自分の思いどおりにしたい"という勝手な気持ちは、彼にぶつけないように気をつけましょう。

keep in mind

心がけるといいこと

- ♥ 会話の「間」を大切にする
- ♥ 自分のことをペラペラ話さない
- ♥ 音楽や絵画など芸術的なことに興味を持つ
- ♥ 彼の美的感覚を知る
- ♥ 彼が好きな女性ファッションを研究する
- ♥ おしゃれのセンスを磨く
- ♥ 彼の世界観を否定しない
- ♥ 彼を尊重するために柔軟さを身につける

pleasant

個性派系の彼が言われて嬉しい言葉

- ♥「あなたってセンスいいよね」
- ♥「あなたの世界観ってなんか素敵だよね」
- ♥「あなたが選ぶものっていつも素敵なものだね」
- ♥「あなたのペースに合わせるよ♪」

　彼自身を褒めるより、彼が大切にしている服、音楽、世界観などを褒めるといいでしょう。

　自分の世界観やペースを大事にしているので、他人からの押しつけをなによりも嫌います。例えば、とてもいい映画があったとしても、「これすごくいいから観てみて！」と押しつけると距離を置かれてしまうので、「最近、○○っていう映画を観たんだけどほんと面白かった～」と軽く伝えるようにするといいでしょう。

誘い方

「世界観」がカギ！

♡「おしゃれなカフェめぐりしない？」
♡「おしゃれなあなたに洋服を選んでほしいな」
♡「（彼が興味のあるアーティストの）ライブに行かない？」

　基本的に、おしゃれな場所・ファッション・芸術や音楽に関係することで誘うといいでしょう。

　彼には少し気まぐれなところがあるので、一度断られても次にOKをもらえることがあります。断られてもへこたれないメンタルが大切です。

告白するとき

point 白黒ハッキリさせない！

　このタイプは、女性からするとちょっと厄介かもしれません。

　基本的に、白黒ハッキリしない世界を好むので、付き合うか・付き合わないかを女性から迫られると、窮屈に感じてしまいます。そのため、「私と付き合う気、ある？」と迫るようなことはしないようにしましょう。

　彼から「俺たち付き合おうか？」という言葉が出てくるまで、基本的には待つことです。

　「私はあなたが好き」と伝えても特に問題はありませんが、その後の彼の対応には期待しないようにしましょう。

ハイスペック系

6タイプの中で最も"意識が高い"です。自分と同じように意識が高く、ストイックな女性が好き。めったにいないタイプなので出会うことは稀{まれ}。

characteristic

特 徴

- ♥ 精神的に成熟している
- ♥ 礼儀正しく教養がある
- ♥ 感情のコントロールができるので落ち着いていてスマート
- ♥ 恋愛にどっぷりハマることはなく、自身の人生を大切にしている
- ♥ 時間を大切にしているため、「時間をかけたい！」と思うほど、外見も内面も輝いている女性でないと本命になりにくい
- ♥ 努力を認めてほしい

好きな女性のタイプ

- ♥ 品性と美しさがある女性
- ♥ 精神的に成熟している大人な女性
- ♥ 自分の人生を大切にしていて、自分をしっかり持った女性
- ♥ 自分と同レベルの話ができる知性とコミュニケーション能力がある女性
- ♥ 自分が失敗しても「大丈夫♪」と言ってくれる、心に余裕がある女性
- ♥ 垢抜けていてスタイルがいい女性（＝自己管理がしっかりできていて、美意識が高い女性）

彼へのアプローチ方法

　このタイプは意識が高くハイスペックなため、同じように自分もハイスペックになることが重要です。

　外見、内面ともに、一般的なレベル以上になるように磨くことを心がけましょう。

　また、教養があるかどうかをとても見るため、読書をしたり、様々な文化に触れたりする機会を増やしましょう。

keep in mind

心がけるといいこと

- ♥ 様々なことに挑戦して経験を増やす
- ♥ 心に余裕を持つ努力をする
- ♥ 外見を磨く
- ♥ 常に礼儀正しく、道徳心にのっとった行動をする
- ♥ プラスαの気遣いをできるようになる
- ♥ 一般教養や、きれいな言葉遣い、マナーを身につける
- ♥ 上品な振るまいをする
- ♥ 癒しを与える

pleasant

ハイスペック系の彼が言われて嬉しい言葉

- ♥「あなたより努力している人見たことない！」
- ♥「それだけ結果を出せるって、きっと人が見ていないところでも努力を積み重ねているんだね」
- ♥「そういうところ、すごく尊敬する」
- ♥「あなたがこの前アドバイスしてくれたことを実践してみたら、こんないい変化があったよ！」

　いつも褒められているので褒め言葉は"お腹いっぱい"。口だけの女性を嫌うため、「あなたのアドバイスで、いい結果になった！」など、間接的に褒めると効果的です。目に見えない部分まで褒めると心に響きます。

　お金目当ての女性に敏感なので、年収などお金の話は自分からしないように気をつけましょう。

誘い方

「気遣い」がカギ！

♡「美味しいタコ焼き屋さんを見つけたから、時間あるときに行かない？」

♡「このセミナーいいみたい！　一緒に行かない？」

♡「最近仕事忙しいみたいだね！　ご飯つくろうか？」

　彼の時間を気遣う、知識を身につけることができるものに誘う、癒しを与えるの3点を意識して誘うといいでしょう。

　基本的に、彼から「時間をかけたい」とあなたが思われないと誘いに乗ってくれないため、ふだんから美を磨き、教養を身につけることが大切です。

告白するとき

point　　　　謙虚さをアピール！

　合理的なので、時間をかけたい女性にしか時間をかけません。なので、まずは彼がそう思うほどの女性になる必要があります。

　自分から告白する際は、彼が自分に時間を使ってくれるようになったことを実感してからにしましょう。

　告白するときは、

「あなたのいつも頑張る姿勢をとても尊敬していて、そんなあなたを彼女として支えられたらいいなぁって思っています」

　などのように、謙虚な姿勢で気持ちを伝えるようにしましょう。

男性心理を学んで実践したことで
彼が大変身！

Uさん（20代・会社員）

　私には、お付き合いして丸2年になる彼氏がいます。

　彼は中学時代から彼女が途切れたことがなく、老若男女に人気の「アイドル的存在」。付き合い始めは、付き合ってはいたものの、彼の大本命には程遠く、私は彼の寂しさと暇を埋める要員のような存在でした。

　遠距離だからとデートは2カ月に1回、結婚や2人の関係に関する大事な話は皆無……。

「こんな現実から抜け出したい！　絶対に彼の大本命になるぞ！」と心に決め、男性心理を勉強。少しずつマインドと行動を変えていきました。

　結果、2年経った今では、次のように彼との関係がガラリと変わりしました。

・遠距離なのに、1カ月に2回は必ず会ってくれる

・私が寂しいときは何時間も電話してくれる。

・将来に向けて真剣な話ができる

・「こんな人はじめて。絶対失いたくないし、人間としてもとても尊敬している」と言われる

・プロポーズされ、婚約中

　男性心理を学ぶことで、彼との関係が改善しただけでなく、女子力、人間力が上がり、転職にも成功。職場でも男女問わずみんなに慕われ、楽しく仕事ができています。

　私にとって男性心理の知識は、一生の宝物です！

chapter 5

彼をもっとよく知るための

ワーク

彼のことを知れば知るほど
恋愛はスムーズになる

　彼タイプ診断の結果、あなたの気になる彼や恋人はどのタイプに当てはまったでしょうか。

　6つのタイプは、すべての男性が「どれかに必ずがっちり当てはまる」というわけではありません。

　個々人の性格やタイプは、より細かく複雑です。

　6つのタイプは"答え"ではなく、あくまで"参考書"だと考えましょう。

　当てはまったタイプの特徴を軸にして、さらに分析していくと、彼をより深く知ることができます。

　彼のことを深く知れば知るほど、

・同じ「ありがとう」でも彼がより喜ぶ方法がわかるので、その方法で伝えられる
・彼の好きな女性のタイプが「可愛い系」だとしたら、その中でもさらに、どんな可愛い系が好みかわかるので、立ち振るまいを意識できる
・どんなことをしたら彼が心から喜ぶのかわかる
・好みのファッションについてより詳しくわかる
・苦手なことやコンプレックスがわかり、配慮できる
・なにに価値を置き、大切にしているのかがわかるので、彼を尊重できる

　などのように、より的確なコミュニケーションをとれるようになります。

　また、彼の好きなタイプに合った自分磨きができるようにもなります。

chapter 5 では、「彼について知るワーク」と「『男性心理分析ノート』をつくるワーク」についてご紹介します。

彼について知るワークでは、次の2つを行います。

① 「彼がよく使っている言葉」はなにかを知る
② 「彼が好きな芸能人」は誰かを知る

この2つを行うと、彼個人のことがおどろくほど、よくわかるようになりますよ。

「男性心理分析ノート」をつくるワークでは、男性心理分析ノートの効果と彼との関係がどのように変化していくのかをお話ししたうえで、書くときのポイントと実際の書き方をご紹介します。

これらのワークを行うことで、大好きな彼のことが手にとるようにわかるようになるでしょう。
彼が大切にしたいと思える、彼にとっての唯一無二の大切な女性になるために、ぜひ取り組んでみてくださいね。

「彼がよく使っている言葉」はなにかを知る

最初のワークは、**「彼がよく使っている言葉」**はなにかを知ることです。

言葉には、その人の価値観や大切にしていること、ふだんからの思考など、たくさんのものが詰まっています。

そのため、彼がよく使っている言葉を分析すると、様々なことを知ることができます。

彼がよく使っている言葉の中で、着目すべきポイントは、

- **出来事に反応したときの言葉**
- **口癖**
- **よく使うキーワード**

の3つです。

着目ポイント1. 出来事に反応したときの言葉

同じ出来事を経験しても、それに対して「どんな反応をするか」は、人それぞれ違います。

反応で、その人の**"ふだんの思考パターンやそのときの心の状態"**がわかります。

ある出来事に直面したとき、彼がどのような言葉を発するのかに耳を傾けましょう。

そのときの言葉からわかることは、大まかに、**①ネガティブ、②ポジティブ、③自己否定感が強い**の3つです。

とっさに出る彼の言葉が３つのうち、どれに当てはまるか考え、彼に合った言葉をかけられるように心がけましょう。

【 彼の言葉がネガティブな場合 】
　明るい励ましが負担になる場合があるので、「共感＋軽めの励まし」を心がける。

（例）料理を失敗したとき、彼が「最悪……」と言った。
　⇒「本当だね～。でも、挑戦したことが大事じゃない♪？」

【 彼の言葉がポジティブな場合 】
　否定的な言葉が苦手で、明るい言葉が好きなため、「明るい褒め言葉」を心がける。

（例）料理を失敗したとき、彼が「次、頑張る！」と言った。
　⇒「意欲があるのいいね！　どんどん料理上手になっちゃうね！」

【 彼の言葉が自己否定感が強い場合 】
　自己否定感が強く、繊細な心を持っているため、正しいアドバイスをされるとダメ出しされたと思い、傷つくので、「事実を褒める＋肯定」を心がける。

（例）料理を失敗したとき、彼が「俺ってダメだなぁ……」と言った。
　⇒「料理する時点ですごいよ～！　素敵だと思う！」

※「大丈夫だよ」などのような励ましは、「気を遣ってくれただけだろう……」と思わせてしまう可能性があるため、事実（料理をしたこと）を取り入れて褒めるのがポイント。

着目ポイント 2. 口癖

口癖は、無意識に出るものです。無意識に出る口癖となるまでには、何度も同じ思考や考えを繰り返す必要があります。

つまり、「口癖＝その人の根強い価値観や思考の表れ」と言えます。

そのため、口癖を知ると、表面的な彼の性格ではなく、価値観や思考を知ることができるのです。

口癖から彼の価値観や思考を分析し、それに沿った言動を心がけると、2人の関係はより深まっていきますよ。

彼の口癖を見つけて彼の価値観や思考を分析し、それに沿ったコミュニケーションを心がけましょう。

人の言動は"承認欲求"がベースとなっていることが多いため、「彼はなにを認めてほしくて、そのような言葉を発しているのか？」と考えると分析がしやすいですよ。

口癖の例と分析、それに沿ったコミュニケーションのコツをいくつか、ご紹介しますので、ぜひ参考にしてみてください。

● 「仕事疲れた〜」
〈分析〉頑張っている自分を認めてほしいという気持ちの表れ。
⇒日ごろからたくさん褒めるようにする。彼の行動を具体的に褒めるとよい。

● 「俺ってダメな奴だからさ……」
〈分析〉自信がない、自信を持てない。
　　　　安心したい、ダメな自分も認めてほしいという気持ちの表れ。
⇒彼の存在そのものを愛するようにする。否定的な言葉を使わない。

● 「Aさんより俺のほうが……」

〈分析〉人と比べる癖がある。

　　　　自分も努力していると知ってほしいという気持ちの表れ。

⇒「あなたが一番だよ」と褒める。肯定的な言葉を心がける。

● 「でも～」「けど～」

〈分析〉現状の自分を変えたくない。

　　　　今の自分を認めてほしいという気持ちの表れ。

⇒現状の彼を否定せず、彼を認める前向きな言葉をかけるようにする。

● 「あの人、きっと俺のこと、〇〇って思っている」

〈分析〉人の評価を気にする癖がある。

　　　　まわりが自分のことをどう思っているかという恐れの表れ。

⇒「あなたって短気だよね」などのようにネガティブなジャッジはしない。安心できるように、否定的な言葉は一切使わない。

　「あなたはいつも頑張っているね」「あなたのこういうところが素敵だと思う」などのように、彼を認める言葉を使うよう心がける。

● 「大丈夫かなぁ……」

〈分析〉心配性で自分のことが信じられないという気持ちの表れ。

⇒彼を安心させる。彼が納得する具体的な説明ができると、安心して前に進むための行動を起こせる。この言葉が出るたびに、安心させることが大切。

着目ポイント3.よく使うキーワード

　彼がよく使うキーワードからは、**"彼が求めているもの"（＝特に好きなもの）** がわかります。

　口癖と同じで、頻繁に出るキーワードは、潜在意識で求めているものです。

　求めているものがわかると、円滑なコミュニケーションが可能になります。

　彼がよく使うキーワードを見つけて彼が求めているものを分析し、それに沿ったコミュニケーションを心がけましょう。

　「彼はなぜ、それ（＝よく使うキーワード）を求めているのか？（＝好きなのか？）」 を考えると、分析しやすいですよ。

　例えば、彼から映画や漫画に関するキーワードがよく出てくる場合、「インドアだから好きなのか」、それとも「物語が好きだから好きなのか」では、理由が全然違いますよね。

　正しい理由は、彼の行動パターンを観察するとわかります。

　例えば、彼の仕事が終わるのが毎日遅いのを見て、「映画や漫画でリラックスする時間をつくりたいのかもしれない」などのように分析できます。

　分析できたら、「今週末は彼が"リラックス"できるように、おうちデートを提案しよう！」というように、彼が求めているものを理解したうえで、的確なコミュニケーションをとることができます。

　キーワードの例と分析、それに沿ったコミュニケーションのコツをいくつかご紹介しますので、ぜひ参考にしてみてくださいね。

● 「飲み会」

〈分析〉飲みに行くのが好き。話すのが好き。

⇒オススメのお店を聞いたり、飲みに誘うと喜ばれる。

● 「仕事」

〈分析〉仕事にエネルギーを注いでいる。結果が出ることが好き。

⇒彼の仕事の話に興味を持つ。ビジネスの話ができるようにする。

● 「ゲーム」

〈分析〉潜在的欲求である"獲得欲"を満たしたい欲求が強い。

⇒「男らしさ」を褒めるとよい。彼が活躍できる機会を与える。

● 「ファッション」

〈分析〉おしゃれが好き。女性のセンスや外見の美しさも気にする。

⇒外見を磨く。おしゃれを研究する。デートは、彼に洋服を選んでもらうショッピングが喜ばれる。

　彼の言葉に意識を向けると、彼が喜ぶ、心地よく感じる接し方がわかるようになります。

　LINEを見返したり、彼が口にする言葉によく耳を傾けて、彼が出来事に反応したときの言葉、口癖、よく使うキーワードを探してみましょう。

「彼が好きな芸能人」は
誰かを知る

彼のことをもっとよく知るワーク2つ目は、「彼が好きな芸能人」が誰かを知ることです。

彼が好きな芸能人を知ることで、

- デートのときの服装はどんな系統にすればいい?
- 彼に会うとき、どんなメイクをすればいいんだろう?
- 髪型を変えたいのだけれど、彼はどんな雰囲気が好きなんだろう?
- 彼にもっと好きになってもらうためにできることはなんだろう?

などの悩みが解決します。

彼の好きな芸能人を知るにはシンプルに、彼に「好きな芸能人は誰?」と聞いてみるのが早くて確実です。

質問をするときのポイントは、1人ではなく3人以上の好きな芸能人を聞くこと。

複数の好きな芸能人を知ることで、彼の好みの傾向をより正確に知ることができます。

【好きな芸能人全員が同じタイプの場合】

彼の好みは非常にハッキリしているということなので、そのタイプに寄せればよいです。例えば、好きな芸能人全員が王道のアイドルだった場合、「ナチュラルで可愛い雰囲気が好き」と言えます。

彼とのデートのときは可愛さを意識するといいでしょう。

【好きな芸能人のタイプにばらつきがある場合】

　例えば、可愛らしいアイドルが好き、でも一方でクールな芸能人も好きだった場合は、彼の女性の好みとして主に次の2つが考えられます。

1．ギャップが好き

　女性のギャップに惹かれるタイプと言えます。日ごろは可愛い系でいて、たまにきれいめなファッションやメイクをするなど、彼と会うときは数回に一度、ふだんと違う雰囲気にするといいでしょう。

2．きれいで可愛ければなんでも好き

　特別好きなタイプがあるわけではありません。この場合は、自分に最も似合う髪型やメイクをするのがいいでしょう。

【好きな芸能人がいない場合】

「特にいない」という彼は、感覚で人を好きになるタイプです。

　このタイプの男性は、一目惚れ以外の恋愛をあまりしません（遊びの恋愛はしますが）。本人も言語化できない感覚で人を好きになるので、アプローチが最もむずかしいです。

　この場合は、内面と外見の両方を一般レベル以上に磨くことで彼のストライクゾーンに入る確率が上がります。

　女性アナウンサーのような、清潔感・知的さ・品のよさ・スタイル・老若男女問わず受け入れられるファッションを研究して身につけましょう。

　彼の好きな芸能人を知ることで、彼の好みの女性のタイプをピンポイントで知ることができます。ぜひ、聞いてみてくださいね。

「男性心理分析ノート」をつくって
彼個人をより深く知る

　彼個人をより深く知ることができる「男性心理分析ノート」について、ご紹介します。

　男性心理分析ノートとは、その名のとおり、**"男性心理"（＝彼の心理）を分析するためのノート**です。

　彼に愛されるには、一緒にいて心地よいと感じる女性になる必要があります。

　そのために有効なのが、「男性心理分析ノート」です。

　男性心理分析ノートをつければ、彼のことをさらに深く知ることができるようになります。

　男性心理分析ノートはきっと、あなたの恋愛を強力にサポートしてくれる1冊になるでしょう。

　私自身、男性心理分析ノートをつけたことで、多くの気づきを得ることができ、彼ととても幸せな日々を過ごせるようになりました。

　すでに実践されている方々からは、

・彼との関係で悩みがなくなった
・彼がたくさん連絡をしてくれるようになった
・2人でいる時間が前よりももっと楽しくなった
・彼に愛されている実感を持てるようになり、毎日が幸せ♡

　など、嬉しい声をたくさんいただいています。

　男性心理分析ノートをつけると、次のような効果と変化があります。

♡心理の知識が身につく

⇒２人のコミュニケーションが円滑になる。

♡思考力が身につく

⇒相手の立場に立って物事を考えられるようになり、彼の愛が深まる言
　動ができるようになる。

♡彼にとって唯一無二の存在になれる

⇒彼の一番の理解者になることができるので、大切にされる。

♡彼の心を満たす行動ができる

⇒彼が喜ぶ的確な行動ができるようになり、彼の心が満たされる。

　このように、男性心理分析ノートは、幸せな恋愛や結婚を叶えるうえ
で、とても効果的です。
　また、恋愛以外での変化もたくさんご報告いただいています。

・人から愛されるコミュニケーション技術が身につき、月収が２倍も
　UPした
・分析力が身につき、恋愛に限らず人を見る目を養うことができた
・自分磨きの習慣ができたので、まわりから褒められることが増えた
・自分のことを大切にできるようになった

　このノートをつくると、コミュニケーション能力がぐんとアップしま
す。
　今、好きな人がいない人も、ぜひ取り組んでみてくださいね。

「男性心理分析ノート」をつくるワーク

彼のたった1人の
大切な人になる

　男性心理分析ノートを作成するときに必要なのは、ノート1冊とペンだけです。

　簡単に始められますが、いざ書こうとすると、はじめは、

「なにを書いたらいいのかわからない」

「書き方が合っているのか不安で書けない……」

　ということがあるかもしれません。

　しかし、書き続けることで分析する力が身につき、自然と悩まなくなりますので、安心してくださいね。

　記入できない項目があっても大丈夫です。すべての欄を埋める必要はありません。

　また、正解や完璧を目指す必要も、毎日書く必要もありません。

　ただ、人は覚えてから20分で42%忘れると言われているので、男性心理に関しては、学びを得たりなにか気づきを得たりしたときに、すぐにどこかにメモするようにしましょう。

　持ち運びしやすい大きさのノートで男性心理分析ノートを作成したり、とりあえずスマホにメモを残して、あとで家でノートにまとめるという形がオススメです。

　男性心理分析ノートをつくる目的は、「**（今の、もしくは未来に出会う）彼から愛され、そして自分も彼のことをより愛せるようになること**」です。

　楽しく、気楽に、ワクワクした気持ちで取り組んでいくことがなによりも大切です♪

　行動を続けることが大事なので、無理のない頻度で記入していきましょ

う。

　ここでは、男性心理分析ノートを無理なく続けるためのポイントをご紹介します。

　大切なことなので、慣れるまではノートを書く前に、必ず見返すようにしてくださいね。

【男性心理分析ノートを書くときのポイント】

1. 毎日書く必要はなし＆すべての項目を埋めなくてOK
2. きれいに書かなくてもよい
3. なにか発見があったときに書くようにする
4. あくまでも分析は予想。分析に正解はないことを覚えておく
5. 正解を求めずに"彼を知る"ことにフォーカスする
6. 分析するときは男性心理（chapter1参照）を参考にするとよい
7. 彼のことを決めつけない
8. 楽しんで取り組む
9. 彼のためにではなく、２人のためにという意識で書く
10. 書いて終わりではなく、行動を変える

　10の「行動を変える」とは、学んだ男性心理をもとに、彼とのコミュニケーションのとり方を変えるということです。

　多くの女性が、幸せな恋愛を叶えてきたこの方法を実践して、ぜひあなた自身も幸せを体験してみてくださいね。

　では早速、男性心理分析ノートの書き方をご紹介します。

　"特定の好きな彼がいるVer."と"好きな人がいないVer."を紹介しますので、当てはまるほうを参考にしてくださいね。

✐ 男性心理分析ノートの書き方
～ 特定の好きな彼がいる人 Ver. ～

① 日付を書く

日付を記入しておくと、どの時期から彼との関係が変化したのかがわかり、どんな行動が効果的だったのかを知ることができます。

② 彼の反応がよかった言動を書く

「○○をしたらとても喜んでいた」など、あなたの言動に対して彼の反応がよかったものを書きましょう。彼がどんなことに喜ぶのかがわかります。

③ 気づいた彼の口癖、よく使うキーワードを書く

先にお話ししたように、口癖やよく使うキーワードからは彼の思考パターンや好きなものなどがわかり、どんなコミュニケーションをとっていけばいいのかがわかるようになります。

④ 彼と接する中で気づいた男性心理を書く

アウトプットすることで知識が定着していきます。自分だけの教科書をつくるというイメージで、日常生活の中で気づいた男性心理についてまとめてみましょう。

⑤ 彼とのコミュニケーションを円滑にするために、これから取り組むことを書く

①～④をもとに、彼とのコミュニケーションを円滑にするために取り組むことを決めましょう。知識をインプットするだけではなにも変わりません。行動することが大切です。

※特に②と③を積極的に記入していくと、好きな人へのアプローチや彼との関係を深めるのに役立ちます♪

男性心理分析ノート作成例

～特定の好きな彼がいる人 Ver. ～

○月○日

♥ 彼の反応がよかった言動

「いつもお仕事お疲れさま」というLINEを送ったら、いつもより丁寧な文章で返ってきた。

♥ 気づいた彼の口癖、よく使うキーワード

口癖：大変、美味しいご飯が食べたい、寝たい
キーワード：投資、社会

♥ 気づいた男性心理

・暗い人よりも明るい人がたくさんの男性に声をかけられている
・女性の可愛すぎる持ちものを見たときに「メンヘラっぽい」と言っていたのを聞いた。男性は、視覚情報から女性の内面を判断することがあるのかもしれない

♥ 彼とのコミュニケーションを円滑にするために、これから取り組むこと

・もっと彼のことを尊敬して、心からの褒め言葉をたくさん伝える
・今度、彼に美味しいご飯をつくる
・投資の勉強に取り組む
・子どもっぽい持ちものを卒業して、質のいいものを持つようにする

男性心理分析ノートの書き方

〜 好きな人がいない人 Ver. 〜

① 日付を書く

日付を記入しておくと、周囲の男性がなにをきっかけに変化したかがわかり、今後の男性とのコミュニケーションにおいて、どの行動が効果的だったのかを知ることができます。

② 取り組んだ自分磨きを書く

どんなことでも構いません。取り組んだことを書いておくことで、自分がどの行動をしたかが目で見て確認でき、恋愛へのモチベーションを持ち続けることができます。その自分磨きをしたことで周囲の男性の反応がどう変わったかも書いておきましょう。

③ 気づいた男性心理を書く

自分だけの教科書をつくるというイメージで、日常生活の中で気づいた男性心理についてまとめてみましょう。アウトプットすることで知識が定着していきます。

④ 今の気持ちとなぜそう感じるのかを分析して書く

今の気持ちを書き出し、なぜそう感じるのかを分析してみましょう。自分の思考や気持ちを言語化することは、内面を磨くのに効果的です。

⑤ 近日中の行動目標を書く

いつ恋愛のチャンスが訪れてもいいように、自分を磨く行動を続けていきましょう。言語化することで、目的が予定になります。

※自分磨き＋男性心理のデータ収集に取り組んでおくことで、いざ好きな人ができたときに、彼の大本命になりやすくなります♪

男性心理分析ノート作成例

～ 好きな人がいない人 Ver. ～

○月○日

♥ 取り組んだ自分磨き

・髪の毛をきれいにするために美容室でトリートメントをした
　⇒職場の後輩（男性）が、髪を褒めてくれた♪

・筋トレをした
　⇒特に反応なし。まだ効果が表れていないのかも

♥ 気づいた男性心理

・男性は想像以上に、すごく些細なことでも頼られると嬉しい

・遠慮するよりも素直に喜んだほうが相手も嬉しそう

・マシンガントークよりも落ち着いて話したほうが印象がよさそう

♥ 今の気持ちとその分析

・今の気持ち⇒イライラする

・分析⇒もう少しで誕生日なのに誰からも誘われていないことが理由なんじゃ
　　　　ないかと思った。本当は寂しいんだぁと気づいた

♥ 近日中の行動目標

・1 kg 痩せる
・メイクレッスンに行く
・友達に連絡をする

相手に合わせたコミュニケーションは
究極の愛され術

　ここまで、男性心理の特徴や彼のタイプを知る方法、彼個人をより深く知る方法などをお話ししてきました。

　これらの知識はすべて、彼とのコミュニケーションを円滑にし、彼にとってたった1人の大切な存在になるためのものです。

　彼に合わせたコミュニケーションをとることに違和感を覚えた人もいるかもしれません。

　でも、先にお話ししたように、これは、本当の自分を押し殺してまで彼に合わせるということではありません。

　例えば、あなたは友人と遊ぶときの服装と職場での服装を分けるなど、TPOに合わせて、服装や言葉遣い、行動などを変えているのではないでしょうか。

　職場の上司への態度と友人への態度も、全く違いますよね？

　相手とよりよい関係を築くために、相手に合わせたコミュニケーションの方法が有効だと知っているからです。

　男性心理を活用して、その彼に合わせたコミュニケーションをとるということは、これと同じです。

　人は、基本的な心理として“**自分の心を満たしてくれる人**”に好意を抱きます。

　落ち込んだときに1人にしてほしい人もいれば、話を聞いてほしいと思う人もいますし、ただ一緒の空間にいてほしいという人もいます。

　落ち込んだときに1人にしてほしいタイプの人は、「ねぇ、どうした

の？　話してよ！」と何度も聞かれたり、気分転換にとしつこく遊びに誘われたりしたら、多少なりとも苦痛を感じ、そのような人とは距離を置こうと考えます。

　逆に、そっとしておいてくれると心が満たされ、「この人は自分のことをわかってくれている。すごくありがたいな」と、好意を抱くことでしょう。

　他にも、丁寧な接客をしてくれる店員さんに心地よさを感じるのも、"大切にしてもらえた"と思えて、心が満たされるからです。

　不親切な店員さんに嫌悪感を抱くのは、そのような扱いを受けたことに自尊心が傷つき、心が満たされないからです。

　このように、人は無意識のうちに"自分の心を満たしてくれる人"に好意を抱くため、人の心を満たすことができる人は、男女問わずたくさんの人に愛されます。

　人の心を満たせる人とは、相手に合わせたコミュニケーションをとることができる人です。

　TPOをわきまえた服装をするのと同じで、その彼に対して相応しいコミュニケーションをとることは、思いやりを持って接するということなのです。

　相手に合わせたコミュニケーションをとることは、相手の心を満たすことができる、究極の愛され術と言ってもいいでしょう。

　ぜひ、幸せな未来のために、この本で紹介したワークを、1つずつ実践してみてくださいね。

「愛は技術で成り立つ」

　これは、泣いてばかりの恋愛から、幸せに満ちあふれる結婚を叶えられた経験から生まれた、私が一生大切にしたい言葉です。

　オンライン講座を受けた人から幸せな報告をもらうたびに、この言葉を実感します。

　自分と全く同じ人はこの世に存在しません。

　100人いたら、100通りの価値観や考え方、大切にしているものがあります。

　男性心理の特徴を理解して、そのうえでコミュニケーションをとるということは、相手の大切にしているものを尊重するということです。

　みなさんがこの本で得た知識は、気になる彼やお付き合いしている彼をより理解するのに必ず役に立ちます。

　また、その知識があれば、今まで以上に彼に対して思いやりを持つことができます。

　それってとても素敵で、すごいことだと思うんです。

　この本との出会いをきっかけに、「ワークを実践して、とびきり幸せな恋愛をしよう！」、そう少しでも思ってもらえたら、これ以上嬉しいことはありません。

　この本を読んで男性心理の知識とコミュニケーション方法を身につけたあなたなら、誰よりも彼を大切にできるようになるでしょう。

そんなあなたを、彼は心から愛し、大切にするようになるはずです。

　幸せな恋愛は、自分次第でいくらでも築いていけます。

　年齢や生まれもった容姿などは関係なく、誰もが自分の人生を変える力を持っています。

　ただやるかやらないか。その違いだけです。

　この本で紹介したことを実践した先には、想像以上の幸せがあなたのことを待っていることでしょう。

　あとは、あなたが一歩踏み出すだけです。

"こんなに幸せな恋愛ってあったんだ！"

　そんな声をたくさん聞けることを楽しみにしています。

　　　　　　　　　　　　　　　　　　　　　　　　　　　　水紀 華

\ 復習！/

男性心理の特徴

　この本で紹介した、幸せな恋愛、結婚をするうえで大切な、男性心理です。

　何度も目を通すことをオススメします♪

- ♥ 男性が嬉しい言葉は女性と違う
- ♥ 心配するよりも認めて信じてほしい
- ♥ 頼みごとは迷惑ではない！　むしろ嬉しいこと
- ♥ プライドを傷つける頼み方はNG
- ♥ "ヒーロー願望"を叶えられる女性を好む
- ♥ "獲得欲"が強い
- ♥ 女性が自分以外のことに夢中になると追いかけたくなる
- ♥ "自分の力で達成したい"という欲が強い
- ♥ 口出しされることを嫌う
- ♥ 信頼され見守られるのが好き
- ♥ 束縛や依存が嫌い。常に自由に自分で選択したい
- ♥ 疑いの言葉や態度は男性の自信を奪う
- ♥ 信頼するとその信頼に応えてくれようとする
- ♥ 役割を与えることが重要
- ♥ 男性に話しかけるときは結論から話して理論的な会話を心がける
- ♥ 女性の「笑顔」と「喜ぶ姿」が大好き
- ♥ 身体のつながりを大切にしている
- ♥ セックスの拒否＝存在の否定と捉える

あなたが大好きな彼と幸せな毎日を過ごせますように♡

著者紹介

水紀　華（みずき・はな）

心身美容家 / 体質改善ビューティー指導師 / イメージコンサルタント
体質改善サロン cocomin 代表。
自身が成功したダイエットや体質改善の方法をもとに、2016年7月より体質
改善ダイエットの指導を始める。その効果の高さから、瞬く間に大人気に。20
以上の美容やメンタル心理に関係する資格を持ち、外見だけではなく心から美
しくなる「心身美容」に特化したサービスを提供している。
また、心理やイメージコンサルタントの知識、自身の経験を踏まえて構築した
男性心理を活用した恋愛コミュニケーション方法は評判が高く、多くの女性を
幸せな恋愛へと導いている。
2020年に、雑誌『美人百花』（角川春樹事務所）の専属読者モデルにも選ばれる。
著書に『魂磨きで魔法のように願いを叶える♡』（あさ出版）がある。

＊Twitterアカウント　@hana032xxx
＊オフィシャルブログ　https://ameblo.jp/xxx032pink/

彼のたった1人の大切な人になれる
最強に愛される恋愛ワークブック　〈検印省略〉

2020年　5　月　18　日　第　1　刷発行

著　者——水紀　華　（みずき・はな）
発行者——佐藤　和夫
発行所——株式会社あさ出版
〒171-0022　東京都豊島区南池袋 2-9-9 第一池袋ホワイトビル 6F
電　話　03（3983）3225（販売）
　　　　03（3983）3227（編集）
ＦＡＸ　03（3983）3226
ＵＲＬ　http://www.asa21.com/
E-mail　info@asa21.com
振　替　00160-1-720619

印刷・製本　(株) 光邦

facebook　http://www.facebook.com/asapublishing
twitter　　http://twitter.com/asapublishing

©Hana Mizuki 2020 Printed in Japan
ISBN978-4-86667-209-0 C0095

魂磨きで魔法のように
願いを叶える♡

水紀 華 著　四六判　定価1,300円＋税

喜びの声
続々！

Improving your soul will make your wishes come true like a magic.

魂磨きで
魔法のように
願いを叶える♡

水紀 華
Hana Mizuki

恋愛もお金もすべて
思いどおり♪

予約困難な
大人気
スピリチュアル
カウンセラー
待望の初著書！

喜びの声
続々！

◇ 2週間で運命の人に出会えました！
◇ 彼に大切にされ、尽くされるのが当たり前に！
◇ 300万円の臨時収入が♪

あさ出版

「魂磨き」とは、現実と向き合い、
意識を変え、行動を変えること。
この本では、恋愛もお金もすべて思いどおりになる
最強の引き寄せ＝魂磨きの方法について紹介しています。
願いが次々と叶う方法を知って、
あなたも理想どおりの現実を手に入れませんか？